Für David

Sei sanft zu mir. Sei behutsam.
Uns bleibt nur kurze Zeit. Bald
werden wir leuchtende Spuren sein.

Und groß wird unsere Sehnsucht sein
nach Menschlichem. Wie jetzt
nach dem Unendlichen.
Doch haben wir keine Hände mehr. Keine
Hände zum Streicheln.
Keine Wangen zu berühren
ganz leicht.
Sehnsucht nach Unvollkommenem
erfüllt uns dann als leuchtende Photonen.

Mariangela Gualtieri

Inhalt

Einleitung

Über Zärtlichkeit zu schreiben ist eine Gratwanderung. Man läuft ständig Gefahr, in einen pathetischen Ton zu verfallen. Doch wie können wir vergessen, dass wir ohne sie nicht hier wären, dass sie uns ins Leben gerufen hat (und dass wir hoffen, ihr möglichst bald wieder zu begegnen)? Unter welchen Schwierigkeiten wir auch in diese Welt gekommen sein mögen, so gab es doch zumindest eine zärtliche Geste, die verhindert hat, dass wir wieder gehen. Oder von der Welt erdrückt werden.

Über Zärtlichkeit zu sprechen, berührt sensible Punkte, weckt uralte Gefühle, beschwört das elementare Leben von Körper und Seele in seiner ganzen Intensität herauf. Zärtlichkeit ging unserer Geburt voraus und wird auch den Tod überdauern: Die menschlichsten Bindungen, die wir kennen, liegen vor unserem bewussten Leben und überdauern auch unser mehr oder weniger zwangsläufiges Ableben. Zärtlichkeit gibt unserem Körper die Kraft, sich zu bilden, sich zu nähren, sich zu erkennen. Und schließlich verleiht sie unserem Blick auf die Welt eine Perspektive, sie drängt uns dazu, Worte zu finden, um uns mitzuteilen, sie ruft uns bei unserem Namen und formt und offenbart so unsere unverwechselbare Einzigartigkeit. Die Zärtlichkeit vermag einem einmaligen Wesen Form zu geben, das selbst noch keinerlei Kraft hat. Darin besteht ihr Wunder.

Diese einzigartige Kraft, die fast aus dem Nichts eine Welt erschafft, wirkt im öffentlichen Empfinden merkwürdig hohl und sinnentleert durch den unangemessenen Gebrauch des Wortes «Zärtlichkeit», um nicht zu sagen Missbrauch. Auf der Sprache der Zärtlichkeit lastet eine schwere Hypothek. Ihre Stärke und Lebendigkeit wurde zu Sentimentalität verwässert. Zärtlichkeit läuft heute Gefahr, mit Verweichlichung der Seele verwechselt zu werden. Roland Barthes nennt sie sogar den obszönen Aspekt der Liebe: «Historische Umkehrung: nicht mehr das Sexuelle ist unschicklich, sondern das *Empfindsame*».[1] Etwas muss dem Wort Zärtlichkeit zugestoßen sein, dass seine ursprünglich starke Bedeutung ins Pathetische und Peinliche abgleiten konnte. Das geht so weit, dass wir sogar gewisse Hemmungen haben, das Wort auszusprechen und zu schreiben. Das Unbehagen speist sich dabei aus vielen Zeichen – insbesondere den weichgezeichneten Reklamebildern, denen jegliche Lebendigkeit fehlt, und der Rhetorik der Werbung mit ihrer abstoßenden Süßlichkeit. Wo ernsthaft über das Leben nachgedacht werden soll, versteckt sich das Wort hinter einem resignierten Lächeln. Es nimmt nicht mehr jenen höchsten Platz ein, wo strahlender Enthusiasmus und Leidenschaften die Welt in einen schöneren Ort verwandeln und man sich im Namen der Liebe in Aufopferung und Hingabe übt. Die Zärtlichkeit mit ihren Spielarten der kämpferischen Sanftmut, die betrügerischem und anmaßendem Verhalten trotzen, Zynikern und Gefühllosen, Moralverächtern und Schadenfrohen die Stirn bieten – diese Art von Zärtlichkeit und Tugend ist passé. Die Sorge ums Gemeinwohl hat bessere Zeiten erlebt. Zärtlichkeit ist zu einem Nahrungsergänzungsmittel des Privatlebens geworden, zu einem Wohlfühlbad in der Freizeit. Schon der Klang des Wortes lässt automatisch eine Vorstellung entstehen «wie von gewässerter Milch – etwas Weißbläulichem, Labberigen»[2] vor einem verschwommenen, pastellfarbenen Hintergrund.

Es gibt ein Marketing der Zärtlichkeit. Es gibt Erzählungen, Bilder und Filme des zärtlichen Genres, die der süßlichen Variante von Zärtlichkeit Ausdruck und Gestalt verleihen und sie auf diese Weise komplett verstellen. Können sie ihr gerecht werden? Verstehen sie tatsächlich ihre Kraft (und unsere Seele)? Gibt es andererseits eine Philosophie der Zärtlichkeit? Eine Politik der Zärtlichkeit, ja sogar eine Theologie der Zärtlichkeit? Hier geht es um starke und tiefgreifende Gedankengänge, nicht etwa um eine frömmelnde Bearbeitung des pseudoästhetischen und pseudoromantischen Wortschatzes.

Was ist der Zärtlichkeit geschehen, dass aus ihr eine so kleine peinliche Angelegenheit werden konnte? Lässt sich eine Geschichte der Zärtlichkeit nachzeichnen?

Es muss doch Indizien geben, anhand derer wir verstehen, was wir gewonnen und was wir verloren haben, um über ihre besseren Zeiten und ihre trüben Momente nachzudenken. Das moderne Individuum – zumindest in seiner von Bürokratie und Werbung propagierten Idealform – macht keine gute Öffentlichkeitsarbeit für die Zärtlichkeit. Es zählt sie zum Bereich seines privaten Konsums und ihm widerstrebt, sie als eine öffentliche Ressource zu betrachten. Gewinnertypen, Erfolgsmenschen, Karrierefrauen müssen sich sorgfältig vor ihr hüten; Zärtlichkeit ist eine unverzeihliche Schwäche – lieber vorbeugen. Kinder werden von klein auf dazu erzogen, sich Geltung zu verschaffen, Altruismus und Mitgefühl werden im Zaum gehalten. Wo Zärtlichkeit an Verletzlichkeit grenzt und das Ego aufs Spiel setzt, stellt sie sogar eine Gefahr dar. Auch wenn sie noch immer mit wohlmeinenden, humanen Gefühlen assoziiert wird, so scheint Zärtlichkeit in dieser Zeit keinerlei Strahlkraft oder Stärke zu besitzen; jedenfalls wird sie nicht als Königsweg betrachtet, um aus der prekären und besorgniserregenden Situation unserer Epoche herauszufinden. Angesichts der komplexen Herausforderungen hypermoderner Städte scheint sie machtlos zu sein. Ebenso zahnlos ist sie gegenüber den aktuellen Bedrohungen und geradezu bedeutungslos angesichts der apokalyptischen ökologischen Katastrophen der globalisierten Welt in naher Zukunft.

Mit anderen Worten, Zärtlichkeit passt überhaupt

nicht zum Zeitgeist. Sie ist eine durch wirtschaftliche und technische Ressourcen überholte Form der Menschlichkeit. Max Weber, einer der großen Soziologen der rationalen Moderne, würde sagen, Zärtlichkeit habe keinerlei Zweckrationalität mehr. Wenn von der Wirksamkeit individueller oder gesellschaftlicher Strategien die Rede ist, so ist heute damit eine Perfektionierung rationalen Verhaltens gemeint, das romantische Gefühle ausschließt. Wie zum Beispiel Zärtlichkeit.

Ein perfektes Abbild dieser Situation gibt uns Don DeLillo in seinem Roman *Cosmopolis*, der die Geschichte eines Tages im Leben des jungen Tycoons Eric Packer erzählt. Sie liest sich wie eine postmoderne, spiegelverkehrte Version von James Joyces *Ulysses*, jenem Roman, der als erster das Ausmaß an Gefühlsarmut darstellte, das der alltägliche zusammenhang- und orientierungslose Emotionsfluss heutzutage erreichen kann. Erics surreale Tagesreise durch New York, eine Stadt im Dauerstau, in der es von Bildschirmen flimmert, zeigt in verdichteter und zugespitzter Form die Züge eines maßlosen Lebens voller Macht und Potenz, das jedoch emotional ohne Form und in menschlicher Hinsicht implodiert ist. DeLillos Erzählstil ist völlig anders: keine Gefühlsschwankungen und Zerstreuungen, sondern Konzentration und Machtverherrlichung: «Nichts als Talent und Schwung. Genutzt. Ständig anständig genutzt». Informationsflüsse, Währungsunsicherheit, Zahlenreihen, Grafiken, visionäre Prophezeiungen in elektronischer Form und digitale Imperative sind die Elemente des neuen Geistes des virtuellen Spätkapitalismus. Keinerlei Anflug von Zärtlichkeit, vielmehr aufblitzende Erregung. «Hier fand er Schönheit und Präzision, verborgene Rhythmen in den Fluktuationen einer Währung.» Gleichzeitig aber – das Verdrängte sitzt wie ein Stachel im Fleisch – heiratet Eric eine Dichterin und ist auf der verzweifelten Suche nach einem Rothko-Gemälde und dem echten Kick. Er lebt in einer gestauten Gegenwart, die angetrieben wird, in ständiger Erwartung des Aufpralls. Denn all dieses Fließen ist mechanisch, steif und starr. Es spiegelt sich in der gesamten Oberfläche der Seele wider, doch es berührt sie nie.

Keine Spur von Zerbrechlichkeit oder Sterblichkeit, nur ein ständiges Zirkulieren in einer virtuellen Blase, wie das ununterbrochene Abspielen austauschbarer Videos ohne besondere Koordinaten und Verortung. Das ist der Loop des globalen Netzes:

> Menschen sterben nicht. Ist das nicht das Credo der neuen Kultur? Menschen werden in Informationsströme aufgesogen. Ich weiß nichts darüber. Computer sterben. Sie sterben in ihrer gegenwärtigen Form. Als ausgeprägte Einzeleinheiten sind sie schon so gut wie tot. Eine Kiste, ein Monitor, eine Tastatur. Sie verschmelzen mit der Textur des Alltagslebens.[3]

In diesem futuristischen Hirngespinst ist der Computer selbst als physisches Objekt schwerfällig und obsolet geworden, denn die Hyperrealität der technologischen Phantasie verwandelt jede lebendige Materie und jede Körperregung in ein abstraktes und hypervernetztes informatisches Universum («Die Straße war ein Angriff auf die Wahrheit der Zukunft»). Gewicht, Trauma und Kontingenz der Körper werden darin nur noch ein anachronistisches Hindernis sein. Auch die Maschinen müssen zu virtuellen Daten werden und in der mentalen Welt der Informationen und Visualisierungen kursieren: «Darin bestand die Eloquenz von Alphabeten und numerischen Systemen, inzwischen lückenlos in elektronischer Form erfasst, in der Null-Einsheit der Welt, dem digitalen Imperativ, der jeden Atemzug der auf dem Planeten lebenden Milliarden bestimmte. Das war der Atem der Biosphäre. Unsere Körper und Ozeane waren da, kennbar und ganz.»

Eric kann die Algorithmen der digitalen Welt vorhersehen und manipulieren («Menschen essen und schlafen im Schatten unseres Tuns»), doch er ist hilflos angesichts der Unbegreiflichkeit des eigenen Körpers im Hier und Jetzt.

Die Blase, in der Eric lebt, hat auch mit uns zu tun. Es ist eine Blase voll von virtuellem Reichtum und symbolischem Elend. Und wir sind mittendrin. Wir befinden uns – jedenfalls in der westlichen Welt – in einem sozialen, kulturellen und technologischen Zusammenhang, in dem es an Spuren eines umfassenden Geisteslebens mangelt. Unsere Seele hat keine Geschichte mehr, sie weiß nicht mehr, womit sie sich verbunden fühlen soll.

Ein entscheidendes Element dieser verbreiteten psychischen Deformation ist die grundlegend monetäre Orientierung unserer Zeit. Damit geht eine massive qualitative Gleichgültigkeit einher, was die Produktion der Waren angeht; es zählt nicht die Qualität, sondern die Quantität dessen, was man konsumiert, nach dem kapitalistischen Prinzip der Austauschbarkeit der Ware. Diese Tendenz verkörpert sich in der Figur des *homme blasé*, des blasierten Großstadtmenschen, der mit ständigem Sicherheitsabstand lebt und dessen Psyche die Marktmechanismen verinnerlicht hat, assimiliert und widerspiegelt. Instinktiv sucht er Freizonen, wo Lieblosigkeit und Desinteresse herrschen. Das entspricht der Logik des reinen Überlebens und dient dem Selbstschutz des eigenen Nervenkostüms. Der blasierte Großstädter ist der moderne coole Typ, sehr *trendy* und faszinierend, zugleich unterkühlt und distanziert. *Cool* ist ein englisches Wort und bedeutet bekanntlich «kühl». Nicht zufällig ist diese Figur heute angesagt; alle scheinen ihn zu brauchen, er selbst muss wiederum nie um etwas bitten. Als Subjekt mit hohem ökonomischen Wert ist der coole Typ stets darauf aus, Produkte und Trends ausfindig zu machen, die das eigene soziale Image steigern können, damit die Zahl der *followers* und *likes* wächst, ohne den Eindruck zu erwecken, er selbst müsse jemandem folgen oder jemanden mögen. Diese Gleichgültigkeit und Distanz schwächt

Reize und übermäßige Anteilnahme ab und garantiert ihm so einen ausreichenden Schutz seines subjektiven Gleichgewichts. Die Dispositive der neuen Technologien des Selbst – physikalische, chemische, chirurgische oder ästhetische – tragen wiederum zu einer übertriebenen Pflege des Selbst bei und höhlen die Immunabwehr aus.

Wenn es das ist, was unter Zärtlichkeit verstanden wird, so kann es, statt zu einer Veränderung der Welt, lediglich zu einer Betäubung des Geistes führen, die für die eigene Verletzlichkeit unempfindlich macht, in jedem Falle aber unempfindlich für die Verletzlichkeit der anderen sowie von allem, was lebt. Doch fatalerweise bringt der entgegengesetzte Impuls, der sich aus einer gewissen Angst vor der Leere speist, destruktive Charaktere hervor. Denn es gibt eine – übrigens wachsende – militante Tendenz, die aus Verzweiflung Zärtlichkeit nicht nur lächerlich macht, sondern zum Ziel hat, sie auszumerzen, von der Wiege an.

Doch mitten im Treiben dieser auseinanderdriftenden Extreme – Rationalisierung und Überreizung – wird eine Stimme hörbar, die sich beiden entgegenstellt. Eine Stimme, die das Wort laut ausspricht und der Verlegenheit und Feindseligkeit trotzt, die es hervorruft. Diese Stimme hält dem mitleidigen Blick und dem süffisanten Lächeln der Kritiker stand – jener Kritiker, die das Fehlen eines zeitgemäßen «Projekts» menschlicher Ökologie anmahnen und halsstarrig jeglichen humanistischen Neuanfang ablehnen. Energisch ruft die Stimme in die

Wüsten der Metropolen und heruntergekommenen Vorstädte des Cosmo-Kapitalismus in der absoluten Überzeugung, dass die Zärtlichkeit die Geschöpfe unserer Welt und unserer Zeit retten muss und dass sie jetzt beginnen muss. Gerade heute, in einem Europa, das unmittelbar vor einem dramatischen Bruch steht, einem politisch verworrenen und sozial ausgehöhlten Europa, das von enormen Spannungen und Widersprüchen durchzogen ist und an dessen Grenzen Konflikte völlig neuen Ausmaßes und mit einer nie dagewesenen Komplexität ausbrechen – gerade in diesem Moment stellt jemand ausgerechnet die Zärtlichkeit ins Zentrum einer kleinen (vielleicht auch großen) Revolution. Da vertritt jemand engagiert die feste Überzeugung, dass die Zärtlichkeit genau das ist, was uns fehlt, um wieder in einer gemeinsamen Welt leben und fühlen zu können, heute und in Zukunft. Jawohl, die Zärtlichkeit.

Es geht hier nicht darum, das Gefühlsleben in unserer Freizeit zu verändern, sondern es geht um eine regelrechte Zeitenwende. Das besondere Engagement, mit dem sich Papst Franziskus in seiner Botschaft auf bestimmte Themen konzentriert – Barmherzigkeit, Nähe, Zuhören, Mission, Grenzen, Öffnung, Armut –, hat das herkömmliche symbolische Panorama des christlichen Diskurses drastisch verändert. Diese Themen gehörten natürlich schon immer zur christlichen *Form*. Doch das Neue ist, dass sie nun ohne jegliche Abgehobenheit vermittelt und so zu *Kraft*vektoren des Glaubenszeugnisses werden. Heute «konzentriert sich die Verkündigung auf das Wesentliche, auf das, was schöner, größer, anziehender und zugleich notwendiger ist» (*Evangelii Gaudium*, 35). Sie verlangt von uns, voll und ganz,

> das Risiko der Begegnung mit dem Angesicht des anderen einzugehen, mit seiner physischen Gegenwart, die uns anfragt, mit seinem Schmerz und seinen Bitten, mit seiner ansteckenden Freude in einem ständigen unmittelbar physischen Kontakt. Der echte Glaube an den Mensch gewordenen Sohn Gottes ist untrennbar von der Selbsthingabe, von der Zugehörigkeit zur Gemeinschaft, vom Dienst, von der Versöhnung mit dem Leib der anderen. Der Sohn Gottes hat uns in seiner Inkarnation zur Revolution der zärtlichen Liebe eingeladen. (EG, 88)

Das neue Panorama der Zärtlichkeit bildet den Hintergrund für das Pontifikat von Papst Franziskus. Dieser Horizont zeigt sich in seinem Vorschlag für ein menschliches und christliches Ideal, das sich gegen jegliche Form der Härte und Starrheit wendet. Das bedeutet also Widerstand gegen alles, was sich wie eine Mauer erhebt, gegen alles, was wie ein Faustschlag, wie ein Diktat auftritt, wie eine glatte, abweisende Oberfläche, die keine Öffnung, Veränderung und Vermischung mit dem Menschlichen zulässt. Die Revolution der zärtlichen Liebe will also eine Praxis der Nähe schaffen, die auf «ein monokulturelles und eintöniges Christentum» (EG, 117) verzichten kann, das in der «Starrheit der Selbstverteidigung» (EG, 45) und «einer Anhäufung von fixen Ideen und Streitigkeiten verstrickt ist» (EG, 49). Denn solches Verhalten führt dazu, «gegenüber dem Kern des menschlichen Leids auf Distanz zu bleiben» (EG, 270), und ist somit nicht fähig, mit den realen Geschichten, Körpern, Gesichtern und Händen in Berührung zu kommen, unter anderem indem man an ihren Kämpfen um Anerkennung und Gerechtigkeit teilnimmt. Hier kündet sich eine neue Form der Begegnung mit der Welt an, die danach strebt, «den Verdacht, das ständige Misstrauen, die Angst, überschwemmt zu werden, die defensiven Verhaltensweisen, die die heutige Welt uns auferlegt, zu überwinden» (EG, 88). Die Flucht in eine identitätsfixierte, ja gar sektiererische Religiosität, die jegliche Sympathie oder Osmose mit der zeitgenössischen Kultur verweigert, bedeutet nämlich den Verzicht auf die soziale und gesellschaftliche Dimension des Evangeliums, anders gesagt auf seine grundlegende und universelle brüderliche Dimension.

In einer Perspektive, die auch über innerkirchliche Fragen hinausgeht, ist die Revolution der zärtlichen Liebe zudem eine Form der Dissidenz gegen die Kolonialisierung der Welt durch die herrschende Ordnung der westlichen politischen Rationalität, durch die Finanzlogik der Märkte, die Konsumideologie sowie die Ideologie einer nihilistischen Ausbeutung von allem, was existiert.

Auch die Enzyklika *Laudato si'* bewegt sich genau vor diesem Hintergrund der «Sorge für das gemeinsame Haus» und ruft dazu auf, «unsere unterdrückte und verwüstete Erde» zu schützen (LS, 2). Sie prangert die durch das «technokratische Paradigma» und die reine Profitlogik beförderte «Wegwerfkultur» und Mentalität der «Verschwendung» an und ist ein Aufruf zu einer umfassenden ökologischen Wende auf weltpolitischer Ebene.

Es gilt also, neue Formen und Praktiken der individuellen und kollektiven Erfahrung zu finden, die auf einem grundlegenden Gefühl beruhen, auf einer «kämpferischen Sanftmut» und Zärtlichkeit. Wir brauchen eine neue Poetik der Beziehungen. Vor dem dramatischen Hintergrund der Lebensgeschichten von Menschen ohne Identität, ohne Heimatland, ohne Zukunft, ohne Staatsbürgerschaft, ohne Gemeinschaft entsteht derzeit eine neue Art, der Welt zu begegnen, die Prozesse der Anerkennung und der Nähe in den Mittelpunkt stellt.

Es geht um viel. Wir stehen vor der Herausforderung, ein neues symbolisches Panorama zu entwerfen, das sich durch eine bestimmte Ästhetik und Politik der Beziehungen auszeichnet, anders gesagt, durch eine *neue Weise des Fühlens*. Die Anerkennung des anderen ist hier weniger eine moralische Pflicht oder ein religiöses Gebot als vielmehr eine Frage der Wahrnehmung und der Sensibilität für Zeichen. Was ist damit gemeint? Wisława Szymborska weist uns in ihrem Gedicht «Unaufmerksamkeit»[4] eine mögliche Richtung:

Gestern betrug ich mich schlecht im Kosmos.
Den ganzen Tag lebte ich, ohne zu fragen,
ohne mich über etwas zu wundern.

Ich verrichtete die alltäglichen Dinge,
als wäre das alles, was ich zu tun habe.

Einatmen, Ausatmen, Schritt für Schritt, Pflichten,
aber ohne einen Gedanken, der weiter reichte
als zum Verlassen des Hauses und zur Rückkehr.

Es geht um ein «kosmisches Savoir-vivre», das etwas Aufmerksamkeit und eine «verwunderte Teilnahme» am Spiel der Welt mit seinen unbekannten Regeln erfordert. Es geht nicht darum, zu tun oder zu sagen, was sich gehört, sondern den Dingen mit einer besonderen Geistesgegenwart zu begegnen, es geht um eine freundliche Zugewandtheit, die wie ein Beten ist, das jedermann möglich ist.

Die fröhliche Revolution der Zärtlichkeit bricht die starren Bürokratien der Macht auf, wo die Subjekte in passiver, resignierter Traurigkeit dahinvegetieren, und lässt die verbindende Kraft fließen, die durch körperliche Begegnungen und Berührungen entsteht. Denn während die Macht stets auf Stillstand, Kontrolle, Abschottung und Sicherheit aus ist, leistet die Zärtlichkeit Widerstand gegen jedes System der Unterdrückung, jedes Regime der Härte, der Angst und Isolation. Sie will eine fröhliche Geselligkeit schaffen, eine lebendige Resonanz, wo das Leben Leben hervorruft und in einem unendlichen Prozess Gemeinsames aufbaut.

> Heute, da die Netze und die Mittel menschlicher Kommunikation unglaubliche Entwicklungen erreicht haben, spüren wir die Herausforderung, die ‹Mystik› zu entdecken und weiterzugeben, die darin liegt, zusammen zu leben, uns unter die anderen zu mischen, einander zu begegnen, uns in den Armen zu halten, uns anzulehnen, teilzuhaben an dieser etwas chaotischen Menge, die sich in eine wahre Erfahrung von Brüderlichkeit verwandeln kann, in eine solidarische Karawane, in eine heilige Wallfahrt. (EG, 87)

Wenn Gefühle Spuren oder Abdrücke sind, die Menschen aneinander hinterlassen, so ist Zärtlichkeit die grundlegende menschliche Fähigkeit, Beziehungen zu knüpfen, die die Welt zusammenhalten und die fragile Gesellschaft wiederbeleben können, in der wir leben – so isoliert, wie wir voneinander sind, in unserer Uneinigkeit, in unserem Mangel an Sensibilität für die gegenseitige Verletzlichkeit.

Es gibt keinen anderen Weg, damit unsere Gegenwart und die Zukunft wieder menschlich werden. «Das Revolutionäre der Zärtlichkeit und der Liebe» ist der Königsweg für eine neue menschliche Ökologie, die auf die Hände und Gesichter achtet, auf die Stimmen und Körper in ihrer unhintergehbaren Einzigartigkeit und Wahrheit. Denn «was wir sind / ist kostbar, mehr als alle Werke hinter Panzerglas / wir fühlen und sind verletzlich».[5]

Um über Zärtlichkeit zu sprechen, muss ich weit ausholen. Gerade ihr sensibles, tiefgründiges Wesen macht es unmöglich, sie direkt zu behandeln, indem man nach Definitionen und Darstellungen sucht. Wie jede grundlegende Erfahrung von Sinn – Wahrheit, Schönheit, Gerechtigkeit, Begehren, Geist, Gott – erträgt auch die Zärtlichkeit keinen erläuternden Tonfall, der vorgibt, ihr Wesen zu erklären. Das ist nicht der richtige Weg, sich ihr zu nähern; sie zieht sich unterdessen zurück und wartet auf geschicktere Versuche. Die glorreiche Zeit metaphysischer Systeme ist vorbei, wo jedes Element der Welt seinen genauen Ort und seine Bestimmung hatte, der Begriff dem Ding entsprach und die Wahrheit sich in klaren und deutlichen Formulierungen äußerte. Auch die Zeit der großen Erzählungen ist vorbei, in denen jeder mühelos seinen Platz und seine Identität finden konnte. Heute ist die Suche verworrener und schwieriger, weil uns die Formeln fehlen, die die Welt erklären, oder die Worte, die «die formlose Seele» in all ihren Facetten erfassen könnten. Doch genau das macht die Suche auch spannend. Jede Annäherung braucht Zeit, «ein paar Silben nur, wie Reisig krumm und trocken»[6], und einen Weg, der uns entlang der Nervenknoten unserer vielschichtigen Gemeinschaftserfahrung führt.

Es ist nicht nur eine Frage der Sprache oder des erwähnten Risikos, in einen Sentimentalismus und eine Rhetorik zu verfallen, die heute schwer erträglich sind. Nach den Tragödien des 20. Jahrhunderts und im ungewissen, bedrohlichen Klima der heutigen Zeit mag der unvermittelte Ruf nach Zärtlichkeit als unverzeihliche Naivität betrachtet werden. Wir müssen also über die Zärtlichkeit sprechen, beinahe ohne sie zu erwähnen – sonst verschwindet sie, zumal sie der ureigenste Bereich der Diskretion und des menschlichen Schamgefühls ist.

Darum begeben wir uns zunächst in das fragile Gleichgewicht der *modernen Metropolen*. Wir sehen, welch unendlichen möglichen Welten sie Raum geben und wie diese gleichzeitig jeden Moment durch eine Kleinigkeit explodieren können. Ich habe versucht, die Schönheit der Metropolen zu ergründen, aber auch ihre Kühle, die wie eine Schutzhaut gegen die Reizüberflutung der Großstadt selbst ist. Die Beobachtung des Lebens der Menschen in den Städten der globalisierten Welt brachte ihre große Müdigkeit zu Tage. In Arbeitszusammenhängen und mitmenschlichen Beziehungen kursiert diese Müdigkeit heute im Überfluss. Sie strahlt unnötige Gereiztheit und Feindseligkeit aus, wie Teilchen mit gedämpfter Geschwindigkeit – wodurch eine noch müdere Atmosphäre entsteht. Auf diesem Weg kommen wir zur Zärtlichkeit *via negationis*, durch eine Betrachtung *in absentia*.

In einem zweiten, konstruktiveren Schritt untersucht

das Buch einige mögliche Orte der Zärtlichkeit, die in gewisser Hinsicht im heutigen urbanen Umfeld immer zur Verfügung stehen (man muss sie nur leben). Es sind Spielräume, Orte der kreativen Freiheit und Untätigkeit, wo es ab und zu möglich ist, ein wenig Erholung und Sinn zu finden. Hier kann man eine gute Müdigkeit und eine andere Zeit erfahren, erlöst vom Imperativ der Leistung und Selbstverwirklichung – eine Zeit, die ein menschlicheres Miteinander, Teilhabe und Anteilnahme erlaubt.

Das Bewusstsein um die Sensibilität des Themas bedeutet nicht zwangsläufig, in Schweigen zu verfallen. Denn wovon man nicht sprechen kann, davon muss man nicht etwa schweigen, wie der Philosoph Ludwig Wittgenstein sagte. Im Gegenteil, man muss weiter darüber reden. Man soll nicht aufhören, mit dem Wort, der Sprache und der Rede an Widerstände zu stoßen und das auszusprechen, was in heutigen Ohren pathetisch klingt. Sicher lässt sich das Thema nicht abschließend klären, doch es lohnt sich, es in die Diskussion einzubringen.

I

Wie ist das Wasser?

Im letzten Jahrhundert ist die Stadt zum wichtigsten Ort des Zusammenlebens geworden. Wie ein Magnet mit anziehenden und abstoßenden Kräften wirkt sie in den Beziehungen, Spannungen und Widersprüchen der Menschen. Die vorangegangenen Generationen lebten, zeugten und arbeiteten im ländlichen Raum überall in der Welt verteilt und knüpften so ein Netz der Koexistenz mit weiteren und stabileren Maschen. Erst vor wenigen Jahren hat das Phänomen der Urbanisierung eine symbolische Schwelle überschritten: Zum ersten Mal in der Geschichte übertraf der in den Städten lebende Anteil der Weltbevölkerung jenen im ländlichen Raum. Die Konzentration von Bevölkerung und Beschäftigung in den urbanen Gebieten scheint inzwischen ein unumkehrbarer Prozess zu sein, auch wenn dabei einige Gebiete einen Aufschwung erfuhren, andere hingegen einen starken Niedergang. Fest steht, dass die Bevölkerung in den Städten rasant ansteigt, und es wird prognostiziert, dass in den nächsten Jahrzehnten die Stadtbevölkerung mehr als siebzig Prozent der Gesamtbevölkerung der Erde ausmachen wird.

An der Stelle betrachten wir die Stadt in ihrem symbolischen Wert, der auf besondere, aktuell verbreitete Arten des Seins und Fühlens verweist. Die Stadt ist Metapher für das heutige moderne Leben, ein Spiegel psychologischer Typen und sozialer Prozesse, die für die heutige Menschheit besonders repräsentativ sind (auch wenn die unendlichen Möglichkeiten für Frauen und Männer, heute auf der Erde als unserem gemeinsamen Haus zu wohnen, sich keineswegs im Stadtleben erschöpfen). Das urbane Phänomen hat das Geflecht des Zusammenlebens radikal verändert. Die Stadt ist der Ort, wo heute die Modelle des gesellschaftlichen Zusammenlebens definiert werden, die Parameter der Gefühlserfahrung, Geschmacksrichtungen und aktuelle Trends. Auch wer nicht dort wohnt – vor allem die Jugend –, bildet Erfahrungen und Erwartungen vor dem Hintergrund der Strömungen, die vom Leben in der Großstadt geformt werden. Die Vielfalt der Menge in der Stadt ist eine aufregende Erfahrung; in der Stadt kann alles passieren, im Dorf passiert fast nichts.

In den Städten scheinen sich die Möglichkeiten für das Gefühlsleben jedes Einzelnen enorm zu erweitern. Unendlich ist die Zahl der möglichen Welten, die man sich vorstellen und ausprobieren kann. Die verschiedenen Welten scheinen jedoch nur leichte Berührungspunkte zu haben und bilden fragile Gleichgewichte. Eine Kleinigkeit genügt, um sie zusammenbrechen und so unmöglich werden zu lassen. Durch die ständige Veränderung der Stadtlandschaft, die unterschiedliche Herkunft der Menschen, verschiedene Akzente, Stile und Sprachen entstehen in der modernen Metropole neue Geographien des Zusammenlebens und der Nähe, neue Vermischungen und Erzählungen. Die Schönheit dieser neuen urbanen Gebilde und Geschichten bringt allerdings zuweilen extreme Erfahrungen mit sich: Ein winziges Etwas reicht aus, um ihren Sinn zu zerstören. Kreative Dynamiken und der Austausch zwischen Kulturen weiten sich überproportional aus, gleichzeitig nehmen auch Anonymität und Vermassung zu, was paradoxerweise die wechselseitige Fähigkeit der Menschen zur Anziehung lähmt. Es gibt unzählige wunderbare Gelegenheiten für Begegnungen, doch sie können Anlass zu Misstrauen oder gar Zusammenstößen sein. Das ist eine aufregende und zugleich frustrierende Erfahrung, die dazu führen kann, dass wir ständig in den eigenen extremen Stimmungsschwankungen gefangen sind, zwischen einer Atmosphäre der Begeisterung und einer permanent drohenden Depression. Die Stadt ist die Bühne für allerhöchste Ambitionen und den tiefsten melancholischen Niedergang, für revolutionäre Leidenschaften, aber auch für die schlimmsten sozialen Ungerechtigkeiten. Im *Evangelii Gaudium* steht:

> Die Stadt erzeugt eine Art ständiger Ambivalenz. Während sie nämlich ihren Bürgern unendlich viele Möglichkeiten bietet, erscheinen auch zahlreiche Schwierigkeiten für die volle Lebensentfaltung vieler. Dieser Widerspruch verursacht erschütterndes Leiden. In vielen Teilen der Welt sind Städte Schauplatz von Massenprotesten, in denen Tausende von Bewohnern Freiheit, Beteiligung und Gerechtigkeit fordern, verschiedene Ansprüche geltend machen, die, wenn sie nicht auf Verständnis stoßen, auch mit Gewalt nicht zum Schweigen gebracht werden können. (EG, 74)

Die Stadt ist ein dichtes Geflecht von Straßen und Häusern, in dem man glaubt, sich eigene Wege bahnen zu können. Doch dies geschieht in einem Raum, in dem auch alle anderen das tun, und zwar bei vollkommener gegenseitiger Gleichgültigkeit. Die Menschen streifen sich, grüßen sich, geraten aneinander oder ignorieren sich, gegenseitig. In schneller Folge wechseln Regungen des Interesses und der Gleichgültigkeit.

In der Stadt geschehen vor allem Begegnungen und Zusammenstöße zwischen Körpern. Ob bewusst oder unbewusst, jeder Körper hinterlässt Abdrücke auf dem Körper eines anderen, auch wenn man ihn nicht beachtet und einfach nur an ihm vorbeigeht. Die Störung bewegt sich lediglich im molekularen Bereich, doch sie beeinflusst die Strömungsbewegungen, die den gesamten Organismus zusammenhalten oder ihn zur Auflösung bringen. Das Gefühlsgefälle der Stadt entspricht gleichzeitig der Logik des *Kosmos* und der Logik des *Chaos*: Es gibt die Freude an einem faszinierenden polyphonen Bild und das Unwohlsein, ausgelöst durch das ständige Hin- und Herschaukeln auf den Wellen. In der Stadt, im Gegensatz zum Dorf, entstehen Gefühlskonstellationen mit variabler Geometrie und lösen sich auch wieder auf, da sie einem ständigen atmosphärischen Wandel ausgesetzt sind. Das ist aufregend, aber ermüdend. Jede Handlung trägt zu einem guten oder schlechten Fluss von Gefühlen in einem bestimmten Lebenskontext bei. Doch es zeigt sich schneller die Zerbrechlichkeit, Beschränktheit und Marginalität in Bezug auf ein Ganzes, das immer größer, unüberschaubarer und unkontrollierbarer wird.

Jeder hat die geheime Fähigkeit, die Kraft der Bindungen in seinem menschlichen Umfeld zu verstärken oder zu verringern. Doch die ständige Verlagerung zwischen den vielen Orten, zu denen man gehört, zwischen denen man sein Leben in der Stadt aufteilt und mit anderen verbringt, gibt uns das Gefühl, dass wir ständig damit beschäftigt sind, Verbindungen zu knüpfen und wieder aufzulösen. Die unterschiedlichsten Orte – der Fahrstuhl und ein Geschäft, ein privates Zimmer und ein Klassenzimmer – nehmen alle denselben Raum ein; obwohl getrennt, rutschen sie ständig ineinander oder übereinander. In unserem Geiste sind sie stets alle gleichzeitig präsent, vergleichbar mit Blooms Erlebnissen eines

Tages in Joyces *Ulysses*. Mit ihrer Tendenz zur Zerstreuung, aber auch zur Konzentration, zur Kommunikation, aber auch zur Ausgrenzung ist die Stadt die Bühne für all unsere Geschichten, die sie in ihrer ganzen Widersprüchlichkeit spiegelt. Die zerstreute Stadt ohne Zentrum ist heute der Hauptschauplatz unseres Gefühlslebens. Nicht die Gefühle bevölkern die Stadt, sondern die Stadt selbst haust in ihnen. Die Erfahrung von Transformation ist wahrscheinlich entscheidend im unaufhaltsamen Prozess der (materiellen und geistigen) Verstädterung der Welt. Und vielleicht sind wir uns dessen noch nicht sehr bewusst.

Eine kleine Geschichte bringt diese grundlegende Lebenswahrheit wunderbar zum Ausdruck. Sie handelt vom Wasser, in dem wir uns tagtäglich bewegen: «Schwimmen zwei junge Fische des Weges und treffen zufällig einen älteren Fisch, der in die Gegenrichtung unterwegs ist. Er nickt ihnen zu und sagt: ‹Morgen, Jungs. Wie ist das Wasser?› Die zwei jungen Fische schwimmen eine Weile weiter, und schließlich wirft der eine dem anderen einen Blick zu und sagt: ‹Was zum Teufel ist Wasser?›» In der Standardeinstellung, der «natürlichen Selbstzentriertheit» oder grundlegenden Unaufmerksamkeit, in der wir schwimmen, sehen wir nicht mehr «das Wahre und Wesentliche, das sich vor unser aller Augen verbirgt».[7] David Foster Wallace fordert zu Aufmerksamkeit auf und zum denken Lernen in den alltäglichsten Lebenssituationen: Verkehrsstau, überfüllte

Supermärkte und lange Schlangen an den Kassen können Gelegenheiten zum Nachdenken sein. Doch wenn man sich nicht bewusst entscheidet, wie man denkt und worauf man seine Aufmerksamkeit lenkt, wird Einkaufen jedes Mal die Hölle sein. Die Müdigkeit; der Wunsch, endlich nach Hause zu kommen nach einem langen Tag im Büro; die Langsamkeit der Person vor mir, die am Handy redet; die hyperaktiven Kinder zwischen grell erleuchteten Supermarktregalen und überall das Gedudel aus den Lautsprechern – all das macht die Gegenwart der anderen zu einem störenden Hindernis, welches kaum mehr menschliche Züge hat.

Das Dumme ist bloß, dass man solche Situationen offenbar verschieden sehen kann. Nochmal zum Stau und all den Fahrzeugen im Leerlauf, die mir den Weg versperren: Es ist durchaus denkbar, dass manche dieser SUV-Fahrer irgendwann schreckliche Autounfälle erlebt haben und davon dermaßen traumatisiert sind, dass ihre Therapeuten ihnen geradezu verordnet haben, sich große schwere SUVs zuzulegen, damit sie sich sicher genug fühlen und fahren können; oder dass der Hummer, der mich gerade ausgebremst hat, von einem Vater gefahren wird, der ein kleines krankes Kind hinten sitzen hat, mit dem er so schnell wie möglich ins Krankenhaus rast und der demnach in weit größerer und legitimerer Eile ist als ich – faktisch bin *ich ihm* im Weg. Ich kann mich auch mit der Wahrscheinlichkeit befassen, dass alle anderen in der Kassenschlange genauso genervt und frustriert sind wie ich und dass manche von ihnen ein insgesamt schwereres, öderes oder leidvolleres Leben führen als ich. Und so weiter. Noch einmal: Bitte glauben Sie nicht, ich wollte hier den Moralapostel spielen oder behaupten, Sie ‹sollten› so denken, oder irgendjemand würde von Ihnen erwarten, automatisch so zu handeln, denn das ist schwer, es kostet Mühe und Selbstüberwindung, und wenn Sie mir ähnlich sind, dann schaffen Sie das an manchen Tagen nicht oder wollen es schlicht und einfach nicht. An den meisten Tagen, an denen Sie aufmerksam genug sind und die Wahl haben, können Sie sich aber entscheiden, die fette, bräsige, aufgebrezelte Frau, die in der Supermarktschlange gerade ihr Kind angeschnauzt hat, mit anderen Augen zu sehen – vielleicht ist sie sonst nicht so; vielleicht hat sie gerade drei Nächte lang nicht geschlafen, weil sie ihrem an Knochenkrebs sterbenden Mann die Hand gehalten hat; vielleicht hat genau diese Frau auch den unterbezahlten Job im Straßenverkehrsamt und hat gestern erst Ihrem Mann geholfen, durch einen kleinen Akt bürokratischer Güte einen albtraumhaften Papierkrieg zu beenden. Das alles ist natürlich unwahrscheinlich, deswegen aber nicht unmöglich – es hängt nur alles von Ihrer Perspektive ab.[8]

In solchen Momenten, wo dem ganzen Leben Schwere anhaftet, müsste man kurz die Verbindung kappen, um dann das Programm langsamer noch einmal neu zu starten. Das hat nichts mit einer Flucht in Träume oder eine phantastische Dimension zu tun. Es geht vielmehr darum, die eigene Herangehensweise an die Dinge zu verändern oder die Welt auf andere Art wahrzunehmen und zu erkennen, sich einfach des Wassers bewusst zu werden, in dem man schwimmt, um uns selbst und den anderen die Last des Lebens zu erleichtern und sich so gemeinsam auf menschlichere Weise über Wasser zu halten.

Jedes Ereignis kann eine Gelegenheit sein, um seiner Erfahrung einen Sinn zu geben, um die – oft stumpfsinnige und selbstzentrierte – «Standardeinstellung» unserer unmittelbaren Beziehung zur Welt zu verändern. Ganz banale alltägliche Gesten und Begegnungen können zur Frage über Leben oder Tod werden (für die Stadt und für die Menschen, für den Sinn ihres Seins und Werdens). Sie sind es, die jeden Moment, ob bewusst oder unbewusst, über Temperatur und Wasserqualität entscheiden. Die Schützengräben des Alltags in den Städten sind der Ort, wo Gefühle sich intensivieren oder erlöschen können, in immer neuen Beziehungsfeldern, bei jeder Begegnung, jeder Berührung.

Die Seele einer Stadt und ihre Grundstimmung entstehen aus den unzähligen Bahnen, auf denen sich Menschen in vielfältigster Weise begegnen. Die Stadt ist wie ein Gelände, das von den Begegnungen und Zusammenstößen ihrer Bewohner unendlich durchzogen und gezeichnet werden kann. Jede Lebensgeschichte hinterlässt im geographischen Geflecht der Stadt eine Spur von sich und prägt so Tag für Tag den Charakter der Stadt, indem sie Tag für Tag ihren Text und Kontext schreibt.

Gleichzeitig kann die Stadt selbst zur biographischen Erzählung werden; sie schreibt das Leben ihrer Bewohner. Und als moralischer und ästhetischer Ort des Zusammenlebens bringt sie selbst Gefühle hervor. Sie kann ein Gefühl des Stolzes hervorrufen für ihre Schönheit oder ihre Geschichte. Sie kann auch Mitleid erregen, wenn man das Gefühl hat, keinen Einfluss mehr auf sie zu haben, sie nicht lebenswerter machen zu können, aufgrund einer Tendenz zur Selbstauflösung, auch unabsichtlich. Sie kann zum Sehnsuchtsort werden und Melancholie auslösen aufgrund ihrer unbegreiflichen Faszination, oder weil man weiß, dass man nie dort wohnen wird, dass diese Stadt nie die eigene sein wird. Wegen der unbeschreiblichen Aura, die sie ausstrahlt, aber auch wegen ihres unausweichlichen Elends. Es gibt Plätze, da möchte man sofort anfangen zu spielen, und es gibt Stadtränder, die an sterbende Tiere erinnern und wo die Häuser voller Tränen sind.

Die Subjekte und die Stadt spiegeln und erkennen sich gegenseitig. Es ist wie ein Text, der sich zwischen den individuellen und kollektiven Geschichten auf der komplexen Landkarte des städtischen Lebens entwickelt. Der großstädtische Raum lebt von und in Differenzen. Jeder nimmt in seiner Sprache an diesem lebendigen Babel teil und bestimmt die Grammatik der gesamten Erzählung. Der Philosoph Giorgio Agamben schreibt:

> Ingeborg Bachmann hat einmal die Sprache mit einer Stadt verglichen, mit ihrem alten Kern, den angrenzenden Stadtteilen, den Randgebieten und zuletzt den Autobahnzubringern und Tankstellen, die noch zur Stadt gehören. Sprache und Stadt enthalten dieselbe Utopie und denselben Niedergang, wir haben uns in unsere Stadt wie in unsere Sprache hineingeträumt und in ihnen verloren, sie sind sogar nur die Form dieses Traums und dieser Verirrung.[9]

Die Stadt kann, ebenso wie die Sprache, von unerbittlicher Härte oder anrührender Schönheit sein. Wie die Sprache ist sie der Ort von Metaphern und Metonymien, von Verdichtung und Zerstreuung. Sowohl die Sprache als auch die Stadt haben manchmal verschlungene Topographien und verwinkelte Wege; ein anderes Mal kommen sie ohne unnötige Windungen direkt auf den Punkt. Manchmal sind sie offene Plätze, die uns willkommen heißen; andere Male sind sie Labyrinthe esoterischer Symbole, die den Vorübergehenden die direkte Entschlüsselung verwehren.

Sinnbildlich dafür ist die kleine Geschichte, die Karen Blixen in ihrem Roman *Jenseits von Afrika* wiedergibt. Mitten in der Nacht wird ein Mann von einem ohrenbetäubenden Lärm geweckt. Er schlief in seiner runden Hütte mit einem runden Fenster und einem dreiecksförmigen Garten und stürzt hinaus, um zu verstehen, was passiert ist. Im Stockfinstern läuft er zu einem Teich, doch er stolpert immer wieder über Steine, steht wieder auf, fällt erneut in einen Graben, ohne zu verstehen, woher das Geräusch stammt. Nach vielen Missgeschicken begreift der Mann endlich, dass das Wehr des Teiches ein Leck hat, durch welches Wasser und Fische hinausströmen. Er macht sich an die Arbeit, und es gelingt ihm schließlich, das Leck zu stopfen. Nachdem er sein Werk vollendet hat, geht er wieder schlafen. Als nun der Mann am nächsten Morgen erwacht und aus seinem Fenster schaut, sieht er, dass die Fußspuren, die er in der Nacht hinterlassen hat, die Figur eines Storches gebildet haben. Karen Blixen fragt: «Wenn die Zeichnung meines Lebens vollendet ist, werde ich, werden dann andere einen Storch erblicken?»[10]

Worauf es in diesem kurzen Text ankommt, ist nicht nur die Frage, ob es möglich ist, aus seinem Leben eine Erzählung zu machen, die den vielen Abenteuern der Vergangenheit, Gegenwart und Zukunft einen einheitlichen Sinn verleiht. Blixen zufolge ist es nur von einer Perspektive außerhalb möglich – etwa von oben oder am Ende seines Lebens –, den anderen seine Geschichte zu erzählen, die wie ein Muster aus dem scheinbar chaotischen Gewebe der Ereignisse auftaucht. Möglicherweise suggeriert Karen Blixens Parabel auch die Vorstellung, dass jede Lebensgeschichte in der sozialen Landschaft unmerklich ein Muster hinterlässt, das die verschiedensten Formen annehmen kann. Von oben betrachtet, könnte die Stadt somit ein komplexes Gebilde aus allen möglichen Mustern sein, die sich im Laufe der Generationen wie zu einem Teppich überlagert haben.

In der jüngsten Vergangenheit und in der Krise der Gegenwart scheinen die Hauptverkehrsadern der Stadt unter einem Erstarrungsprozess zu leiden, als hätten sich in den Nervenknotenpunkten der Stadt Ablagerungen und Verkrustungen gebildet. Das Gesamtmuster wird immer dichter und die Einzelnen haben Mühe, eigene Formen zu gestalten und zu erkennen. Aufgrund der fortwährenden Beschleunigung von Tausch und Konsum stand in der Stadt in den letzten Jahrzehnten zweifellos die Logik der Ströme im Vordergrund. Sie erlebt eine gewisse Stagnation von Begegnungen und symbolischem Tausch, jenen Bereichen, wo Zusammenleben stattfindet. Das Wesen der modernen Stadt ist somit paradox und widersprüchlich, durchgängig spannungsgeladen:

> Die Stadt ist ein ‹Schoß›, der aufnehmen und nähren kann, Begegnungen, Verknüpfungen und Beziehungen hervorbringen kann. Die Stadt ist ‹Zuhause›, der Ort *par excellence*, eine normative Idee für jede Art des Zusammenlebens, denn sie ist ein Ort, von dem

man sich lösen muss, um einen Neuanfang zu machen, aber an den man stets neigt zurückzukehren.[11]

Die Stadt ist wichtig als Herkunftsort. Doch sie ist auch Ort der Kapital- und Warenströme, des *negotium* und der Anonymität, anders gesagt mangelnder Nähe und Nachbarschaftlichkeit. In den letzten siebzig Jahren haben sich zudem in einer immer stärker vernetzten Welt Energien entfaltet, die Euphorie ausgelöst haben, aber auch ein starkes Gefälle: Dem freien Verkehr von Waren und Personen steht die Verelendung und Isolation gegenüber, ja in unterprivilegierten Regionen sogar das Verbot, sich frei zu bewegen. Die Schicht derer, die sich von den globalen Prozessen abgehängt fühlen, wächst proportional zu den Freiheiten und Möglichkeiten der Wenigen, die im Gegensatz dazu die unglaublichsten Privilegien und Chancen aus dieser Entwicklung erleben.

Die wachsende Komplexität des Großstadtlebens, wo Austausch und Begegnungen exponentiell zunehmen, förderte immer mehr die Entwicklung einer vorrangig monetären Mentalität sowie einer grundlegend utilitaristischen Haltung zur Welt, was die elementaren Dynamiken des Stadtlebens zutiefst verändert hat. Das Leben wird effizienter, aber nervöser, die Zeit drängt und verdichtet sich, und so wird die Zukunft immer undurchschaubarer. Ebenso verdichten sich die Räume, doch gleichzeitig dehnen sie sich unendlich aus, ohne ein Zentrum oder eine präzise Richtung. Das Gewebe der

Stadt wird engmaschiger, doch die sozialen Bindungen werden schwächer. Je stärker sich das Handlungsgeflecht der Metropole ballt, umso nebensächlicher wird das Erzählen von Geschichten, die nun nur noch unscharfe und unkenntliche geometrische Muster haben.

Doch gerade in dieses Gewebe der Stadt, das manchmal verfilzt, aufgetrennt oder zerrissen ist, müssen wieder feinfühlige Fäden geknüpft und unmerklich Nähte eingefügt werden. Es ist eine handwerkliche Arbeit, die mit einer Maschine kaum zu bewerkstelligen ist. Vor allem braucht es eine Aufmerksamkeit für Gefühle und eine besondere Empfänglichkeit für die Zeichen, die die jeweilige Wassertemperatur anzeigen. Und es braucht Hände zum Streicheln, die noch feine Verbindungen weben und behutsam die Kanten und Verwicklungen der vielen Lebensgeschichten berühren können, die hier spielen.

2

L'homme blasé und die Nervosität des Großstadtlebens

Zu Beginn des 20. Jahrhunderts analysierte der Soziologe und Philosoph Georg Simmel das Großstadtleben und erkannte darin die spezifischen Anzeichen der Moderne. In seinem kleinen Text *Die Großstädte und das Geistesleben* von 1903 analysiert Simmel die radikalen Veränderungen von Empfindung und Wahrnehmung der Großstadtindividuen, um zu verstehen, was die Seele der Stadt auf individueller und überindividueller Ebene ausmacht. Die charakteristische psychische Veränderung des modernen Individuums sieht Simmel in der «*Steigerung des Nervenlebens*, die aus dem raschen und ununterbrochenen Wechsel äußerer und innerer Eindrücke hervorgeht».[12]

Das Großstadtleben ist eine Zusammenballung emotionaler Reize, die Aufmerksamkeit fordern und ständig auf die subjektive Seele einstürmen, die verarbeiten und reagieren muss. Die Intensität an Sinnesreizen ist der größte Unterschied zwischen dem Leben in der Stadt und jenem auf dem Land mit seinem gleichmäßigeren Rhythmus, der die emotionale und geistige Form dortiger Erfahrungshorizonte widerspiegelt. Für das Seelenleben der Kleinstadt sind «Gemüt und gefühlsmäßige Beziehungen» wesentlich, die im kollektiven Unbewussten traditioneller Praktiken, ungeschriebener Gesetze und fester Gewohnheiten bewahrt werden. Im Gegensatz dazu fördert das Großstadtleben die Kraft des eigenen Verstandes, da dieser anpassungsfähiger ist und auf unvorhergesehene Situationen flexibler reagieren kann.

Der Typus des Großstädters reagiert auf die gefühlsmäßige Überreizung also mit einem intellektualisierenden und distanzierten psychischen Verhalten, mit Hilfe dessen er eine Distanz zwischen sich und die Welt schiebt und alles filtert und neutralisiert, was emotional nicht verarbeitet werden kann. Die Großstadt ist ein Kaleidoskop aus Bildern, Gerüchen, Geräuschen und Farben, die einen unaufhaltsamen Strom von Reizen bilden, vor dem sich die Subjekte in gewisser Weise schützen müssen.

Als Ulrich, die Hauptfigur in Robert Musils *Der Mann ohne Eigenschaften*, von seinem Fenster aus das Gewimmel von Autos, Straßenbahnen und Fußgängern betrachtet, die geschäftig sein Blickfeld durchqueren, scheint er ähnliche Betrachtungen anzustellen:

> Könnte man die Sprünge der Aufmerksamkeit messen, die Leistungen der Augenmuskeln, die Pendel-

bewegungen der Seele und alle die Anstrengungen, die ein Mensch vollbringen muß, um sich im Fluß einer Straße aufrecht zu halten, es käme vermutlich – so hatte er gedacht und spielend das Unmögliche zu berechnen versucht – eine Größe heraus, mit der verglichen die Kraft, die Atlas braucht, um die Welt zu stemmen, gering ist, und man könnte ermessen, welche ungeheure Leistung heute schon ein Mensch vollbringt, der gar nichts tut.[13]

So entsteht eine ständige «Erregungsgemeinschaft», ein kohärentes System der Erzeugung allgemeiner Nervosität, das sich Tag für Tag erneuert und die neue postmoderne Form eines (unruhigen) sozialen Zusammenhalts bildet. Gegen die despotische Herrschaft dieser großstädtischen psychischen Ordnung entwickeln die Individuen ein ausgefeiltes System der Immunisierung, dessen Verarbeitungszentrum der Verstand ist. Die urbanen Subjekte haben eine subversive Tendenz zur Umgehung und zunehmenden Distanzierung von Reizen, durch die sie die umgebende Realität in etwas «Objektives» und damit Kontrollierbares, Messbares, Berechenbares verwandeln. Der Verstand ist ein Werkzeug zur Verteidigung «gegen die Vergewaltigungen der Großstadt» und ihre Reizüberflutung. Das Gefühlsleben wird gefiltert und einem Prozess der Erkaltung und Distanzierung unterworfen, was den Charakter des *homme blasé* hervorbringt, einer typischen Figur des urbanen Phänomens. Simmel schreibt:

Es gibt vielleicht keine seelische Erscheinung, die so unbedingt der Großstadt vorbehalten wäre, wie die Blasiertheit. Sie ist zunächst die Folge jener rasch wechselnden und in ihren Gegensätzen eng zusammengedrängten Nervenreize, aus denen uns auch die Steigerung der großstädtischen Intellektualität hervorzugehen schien ... Das Wesen der Blasiertheit ist die Abstumpfung gegen die Unterschiede der Dinge, nicht in dem Sinne, daß sie nicht wahrgenommen würden, wie von dem Stumpfsinnigen, sondern so, daß die Bedeutung und der Wert der Unterschiede der Dinge und damit der Dinge selbst als nichtig empfunden werden.[14]

Darin besteht also die paradoxe psychische Wirkung des Großstadtlebens: Die Konzentration von Menschen und Dingen, die durch ständige Botschaften, Informationen und Bilder pausenlos das Gefühlsleben erregen, erzeugt den Gegeneffekt einer Unterkühlung und des Selbstschutzes, der die Einwirkung der äußeren Reize dämpft und die Subjekte für die überbordende Realität unempfindlich macht. Die Grundhaltung der Großstadtbewohner, die Simmel als «Reserviertheit» definiert, ist nichts anderes als eine alltägliche Praxis zum Selbsterhalt des eigenen psychischen Gleichgewichts. Würde man auf die ständigen Reize der Außenwelt mit einer ebenso großen Anzahl von emotionalen Reaktionen antworten – wie es in einer ländlichen Gegend oder einer Kleinstadt geschieht, wo man tatsächliche Beziehungen mit jedem oder mit vielen hat –, «so würde man sich innerlich völlig atomisieren und in eine ganz unausdenkbare seelische Verfassung geraten.»[15]

Diese psychisch distanzierte und verstandesbetonte Haltung beschreibt also den blasierten Großstädter, der darauf bedacht ist, systematisch jegliche übermäßige Involviertheit in die Dinge, die er tut, von sich zu weisen, und auch die Dinge, die er sagt, mit wenig Überzeugung zum Ausdruck bringt, als müsste er sich ständig verstellen.

Die in der Großstadt verbreitete Nervosität des Geisteslebens ist also zum einen eine psychologische Reaktion auf die Schwierigkeit, aus dem eigenen Handeln und Fühlen eine positive Bestätigung für das Selbstbild zu beziehen. In einer entwerteten Welt, in der der Sinn und die Bedeutung der Unterschiede der Dinge «und damit der Dinge selbst als nichtig empfunden werden»[16], verliert auch das Selbst, das sich in den Dingen widerspiegelt, zunehmend an Bedeutung. Zwischen Selbst und Welt öffnet sich eine Kluft, die kein Konsumobjekt zu schließen vermag (auch wenn es dies behauptet). In diesem Prozess läuft auch die Wahrnehmung der eigenen Einzigartigkeit Gefahr, sich rasch zu verflüchtigen und das Subjekt so einer illusorischen Freiheit und fiktiven Identität zu überlassen.

Daher befindet sich das städtische Geistesleben in einer gespaltenen und widersprüchlichen Situation, die den Charakter der modernen Welt selbst widerspiegelt: Die Großstadt ist der Ort der höchsten Konzentration und gesellschaftlichen Ausdifferenzierung und somit der Ort des Individualismus *par excellence*. Gleichzeitig scheint gerade im städtischen Raum das Gefühl für die eigene Autonomie und Einzigartigkeit abhandenzukommen, und zwar durch den Druck einer lähmenden Anspannung, die die Gefühlswelt ärmer an Bindungen und Zuneigung macht. Einerseits steigt das Angebot an Möglichkeiten und Erfahrungen, andererseits wird es immer schwieriger, die persönlichen Qualitäten zur Geltung zu bringen, die sich im Magma unendlich vieler Ereignisse verlieren. Der Preis der emotionalen Selbsterhaltung ist also die Selbstbeschränkung der eigenen psychischen Fähigkeiten und zugleich eine substantielle Entwertung der gesamten objektiven Welt. Wisława Szymborska bringt diese Unfähigkeit, mit dem Tempo der Zeit mitzuhalten und dabei mit den Dingen in Verbindung zu bleiben, in dem Gedicht «Leben im Handumdrehen» zum Ausdruck:

> Dürftig gerüstet für den Ruhm des Lebens,
> ertrage ich das mir aufgezwungene Tempo
> der Handlung mit Mühe.
> Ich improvisiere, obwohl mich das Improvisieren
> ekelt.
> Ich stolpre auf Schritt und Tritt über
> die Sachunkenntnis.

Mein Sosein riecht nach Provinz.
Meine Instinkte sind Dilettantismus.
Das Lampenfieber, das mich rechtfertigt,
    demütigt mich um so mehr.
Die mildernden Umstände finde ich grausam.

Nicht rücknehmbar sind die Worte und Gesten,
die Sterne nicht zählbar,
und der Charakter, wie ein Mantel, im Laufen
    zu Ende geknöpft –
das sind die kläglichen Folgen der Eile.

Übt man wenigstens rechtzeitig einen Mittwoch
oder man wiederholte wenigstens einen Donnerstag!
Aber schon naht der Freitag mit dem
    mir fremden Szenario
Ist das in Ordnung – frag ich
(mit heiserer Stimme,
denn nicht mal hüsteln durfte ich
    hinter den Kulissen)?

Es täuscht der Gedanke, die Prüfung sei
    beiläufig nur,
im provisorischen Raum zu bestehen. Nein.[17]

Was auch immer ich tue, auch wenn es nicht durchdacht war und voller Unsicherheit, «verwandelt sich ein für alle Mal in das, was ich tat». Einerseits geht das Leben ohne Unterbrechungen weiter, wie eine Geschichte ohne Drehbuch, wie beim Improvisationstheater. Andererseits erhält jeder Schritt einen unwiderruflichen Charakter, dessen Sinn «erst auf der Bühne erraten» wird. Zur Blitzartigkeit unvorbereiteter Gesten kommt eine gewisse Unausweichlichkeit der Wirkungen, was ein provisorisches und fatales Bild des modernen Menschen zeichnet.

Durch die verstärkte Intellektualisierung des Lebens, die sich in Reserviertheit und Distanz zu den anderen verwandelt, bekommt das Leben in der Großstadt zudem einen potentiell aggressiven Charakter:

> Ja, wenn ich mich nicht täusche, ist die Innenseite dieser äußeren Reserve nicht nur Gleichgültigkeit, sondern, häufiger als wir es uns zum Bewußtsein bringen, eine leise Aversion, eine gegenseitige Fremdheit und Abstoßung, die in dem Augenblick einer irgendwie veranlaßten nahen Berührung sogleich in Haß und Kampf ausschlagen würde.[18]

Dieser explosive Widerspruch zwischen äußerer Reserviertheit und innerem Gefühl der Abneigung ist eine häufige Dynamik an Orten mit hoher Bevölkerungsdichte. Die blasierte Distanziertheit verhüllt in Wahrheit eine gewisse Unleidlichkeit und Aversion, die ohne jegliches offensichtliche Motiv in gewalttätigen Gesten ausbrechen können. Auch hinter der Toleranz kosmopolitischer Städte kann sich ein aggressiver Zug verbergen, wenn eine echte Anerkennung der Differenzen nicht stattfindet. Der slowenische Philosoph Slavoj Žižek beschreibt die Ambivalenz der liberalen, toleranten Haltung, die einerseits von Offenheit und Respekt für Andersartige, gleichzeitig aber auch von großer Angst vor Belästigung geprägt ist:

> ‹Die anderen sind in Ordnung, ich respektiere sie›, sagt der Liberale. ‹Aber sie dürfen nicht in meine Privatsphäre eindringen. Wenn sie das tun, dann belästigen sie mich – ich bin absolut für Fördermaßnahmen für Minderheiten, aber ich bin nicht bereit, mir laute Rap-Musik anzuhören.› Das Recht, nicht belästigt zu werden, avanciert zum wichtigsten Menschenrecht in der spätkapitalistischen Gesellschaft – das Recht auf einen sicheren Abstand zu anderen.[19]

Die Pflicht zur Toleranz gegenüber dem anderen meint in Wirklichkeit das Vermeiden von Nähe, nicht in die Sphäre des anderen einzudringen, den gegenseitigen Respekt, dass man gegenseitige Nähe nicht toleriert. Der andere wird angenommen und akzeptiert, solange er mir ähnlich ist. Sobald er sich in seiner realen und störenden Unterschiedlichkeit zeigt, offenbart die Rhetorik der Alterität und Toleranz ihre Heuchelei und lässt die Subjekte zum Spielball ihrer Ängste und Aggressivität werden. In seiner Analyse des Geisteslebens der

Großstädte stellt Simmel einen der Hauptgründe heraus, die den blasierten Charakter des Weltbürgers geprägt haben, das Geld. Die Entwicklung zur Verstandesbetontheit ist nämlich untrennbar mit dem Aufstieg von Industriegesellschaft und postindustrieller Gesellschaft verbunden, wo das Geld allmählich zum symbolischen Vermittler jeglicher sozialen Interaktion wurde. Die Großstadt war von jeher Sitz der Finanzwirtschaft, die mit ihrer rein quantitativen und utilitaristischen Perspektive die Beziehungen zwischen Subjekten in Verhältnisse von Nutzen und Profit verwandelt. Simmel schreibt:

> Alle Gemütsbeziehungen zwischen Personen gründen sich auf deren Individualität, während die verstandesmäßigen mit den Menschen wie mit Zahlen rechnen, wie mit an sich gleichgültigen Elementen, die nur nach ihrer objektiv abwägbaren Leistung ein Interesse haben.[20]

Diese Übersetzung des zwischenmenschlichen Austauschs in Begrifflichkeiten von Leistung oder Gegenleistung prägte allmählich das Großstadtsubjekt. Das Kalkül von Interessen und die emotionale Distanz führen zu einem im Wesentlichen gefühlsarmen Leben. Bereits Alexis de Tocqueville beleuchtete in seinem prophetischen Buch *Über die Demokratie in Amerika* (1835/1840) kritisch die komplexen Dynamiken der demokratischen Industriegesellschaften und ihre Mechanismen zur Verwaltung des Lebens:

> Ich erblicke eine Menge einander ähnlicher und gleichgestellter Menschen, die sich rastlos im Kreise drehen, um sich kleine und gewöhnliche Vergnügungen zu verschaffen, die ihr Gemüt ausfüllen. Jeder steht in seiner Vereinzelung dem Schicksal aller andern fremd gegenüber: Seine Kinder und seine persönlichen Freunde verkörpern für ihn das ganze Menschengeschlecht; was die übrigen Mitbürger angeht, so steht er neben ihnen, aber er sieht sie nicht; er berührt sie, und er fühlt sie nicht.[21]

Ein Übermaß an Liberalität und Egalitarismus reduziert die menschliche Gemeinschaft auf die engen Grenzen der häuslichen Sphäre. Die große Gesellschaft ist sich selbst überlassen, letztlich jedoch ist der Einzelne dem Konformismus der öffentlichen Meinung unterworfen. Die demokratische Gleichheit löst gesellschaftliche Fesseln und überlässt das Individuum dem Despotismus einer «gewaltigen, bevormundenden Macht», die in bürokratischen Systemen und neuen Intoleranzen gegenüber Differenzen und Abweichungen besteht. Die konformistische Leidenschaft der modernen Gesellschaft braucht keine Gewalt anzuwenden, um das Gewissen der Menschen zu konditionieren und ihnen Normen aufzuzwingen. Sie benutzt «milde» Praktiken der Disziplinierung, die auf eine unbewusste Verinnerlichung ihrer Dispositive zielen. So wirken sie, ohne reflektiert zu werden. Der moderne Mensch hat sich von den präindividualistischen Abhängigkeiten der vormodernen Gemeinschaften emanzipiert, die dem Menschen Autonomie und Freiheit verwehrten, ihm jedoch Sicherheit, Ordnung und Halt garantierten. Während er immer mehr Freiheit, Rechte und Autonomie erlangte, fand er sich dennoch in einer Situation tiefer Unsicherheit wieder, denn nun war er einer heimtückischen und alles durchdringenden Biomacht unterworfen.

Die durch den Prozess von Globalisierung und Virtualisierung der Welt sich radikal verändernde Gesellschaft des 21. Jahrhunderts wirft neue Fragen und Widersprüche auf, die das Gefühlsleben aller Generationen berühren. Sie offenbaren sich weniger in Bildern von Bergwerken, Fließbändern, geschmolzenem Stahl und ratternden Pressen, auch wenn diese nach wie vor an der Tagesordnung sind, sondern vielmehr in Form von Informationsströmen, Input, Output und digitalen Verbindungen. In diesem Verdunstungsprozess der Materie, der den Regeln eines globalen Systems mit unglaublichen Möglichkeiten und unendlich vernetzter Kommunikation folgt, wird nun eine andere Art von Belastung und Undurchschaubarkeit der Wirklichkeit wahrnehmbar, die das Gefühlsleben der Weltbürger eintrübt und einer neuen Form von «Schwerkraft» unterwirft.

Beobachtet man die Frauen, Männer und Jugendlichen unserer postmodernen Zeit, so ist eine allgemeine Schwermut unübersehbar, als sei eine kosmische Hintergrundstrahlung, die Depression und Euphorie zugleich verbreitet, irgendwo durch eine Explosion entstanden. Sie ist wie ein Nebel aus «traurigen Leidenschaften»[22] oder einer atmosphärischen Müdigkeit, der in die Stimmung unserer Städte dringt, an die Orte, an denen wir leben und arbeiten. Wir sehen, wie schwierig es für moderne Subjekte ist, über Orientierungspunkte zu verfügen, sei es, um eigene Entscheidungen klar zu vertreten, sei es, um Situationen zu analysieren, mit denen sie sich auseinandersetzen müssen. Manche sprechen von einer neuen psychischen Ordnung: Es handelt sich um keinen Wandel auf gesellschaftlicher Ebene und dessen Auswirkungen auf die Subjektivität des Einzelnen, sondern eine Umwälzung völlig neuer Art ist im Gange, die Auswirkungen sowohl auf das kollektive Leben als auch auf das Individuum hat. Es ist jedenfalls offensichtlich, dass es eine neue Art des Denkens, des Urteilens, des Essens gibt, eine neue Art, seine Sexualität, die Ehe, Bindungen, die Familie, den öffentlichen Raum und Ideale zu leben, sowie eine neue Art des Selbstverständnisses.

Eine radikale Interpretation der Situation sagt uns, dass es sich um eine Veränderung mit großer Tragweite und unkalkulierbaren anthropologischen Konsequenzen handelt. Angestoßen wurde sie durch die direkte Verbindung zwischen einem entfesselten Wirtschaftsliberalismus – wir sind die erste Generation von Konsumenten «ohne Reue» – und einer Subjektivität, die sich frei von jeglichen Verpflichtungen gegenüber den vorangegangenen Generationen glaubt. Es ist eine Kultur, die ein Subjekt hervorbringt, das denkt, es könne mit seiner Vergangenheit Tabula rasa machen und für die Zukunft eine Politik der verbrannten Erde. Charles Melman spricht von «Menschen ohne Schwerkraft», die an Mutanten erinnern: Wir erleben eine regelrechte Verinnerlichung des Marktmodells – ein Ereignis mit radikalen Folgen, die sich gerade erst abzuzeichnen beginnen.[23]

Während in früheren Zeiten der Gefühlshaushalt durch Verdrängung und Kontrolle geprägt war, sind wir nun zu einer psychischen Ordnung gelangt, die auf der offenen Zurschaustellung von Genuss beruht. Man braucht nur eine Zeitschrift aufzuschlagen, den Fernseher anzustellen, die Instagram-Profile prominenter Persönlichkeiten zu bewundern, und man befindet sich sofort im Bann der schamlosen Zurschaustellung von Genuss. Allerdings sind wir heute auch zu Verwaltern berufen, die Wohlstand garantieren, bewahren und hervorbringen sollen: Wir sollen auf das eigene Wohlergehen achten, auf das unserer Schüler und unserer Kinder. Diese Situation bringt radikal neue Verpflichtungen mit sich sowie diverse Unwägbarkeiten, Schwierigkeiten und Leiden.

Die ökonomische Ordnung von heute hat eine völlig neue anthropologische Mutation hervorgebracht. Sie speist sich aus einer imaginären Freiheit, die sich vor allem in Bezug zur Warenwelt konstituiert. Dieses «Phantasma der Freiheit» prägt heute ein neues kollektives Unbewusstes, das um die Objektwelt kreist. Was sich nicht bewerten lässt, verliert an Bedeutung und wird zu etwas Vernachlässigbarem. In diesem psychischen Kontext fühlt sich das Großstadtindividuum zunehmend von Fremden umgeben, vor allem in urbanen Räumen mit unbegrenzter Ausdehnung; in den globalen Megastädten sind die Möglichkeit des Kontakts und die Erfahrung echter Nähe eingeschränkt oder konzentrieren sich auf Identitätsgemeinschaften, die tendenziell Andersartigkeit ablehnen. Papst Franziskus hat bei seiner ersten symbolträchtigen und historisch bedeutsamen Reise nach Lampedusa – mit einem Boot als Altar und einem Steuer als Ambo – von einer «Globalisierung der Gleichgültigkeit» gesprochen. Bei seiner Andacht für die im Meer ertrunkenen Flüchtlinge wendete er sich an «eine Gesellschaft, die die Erfahrung des Weinens, des ‹Mit-Leidens› vergessen hat», und rüttelte sie schlicht zu mehr Menschlichkeit auf.

Im Zeitalter des Menschen ohne Zärtlichkeit, wo Geld zum einzigen Regulativ des symbolischen Tauschs wird, sind trockene Augen und ein entschiedenes, zielgerichtetes Auftreten geboten. Doch insgesamt bewegt sich der urbane Mensch zwischen emotionaler Abstumpfung und Leistungsideologie und zeigt die erschöpften Züge einer Individualität, die den Ansprüchen eines Selbstbildes unterworfen ist, in dem er sich nicht wiederfinden kann und dessen Sinn er letztlich nicht versteht.

3

Die Müdigkeitsgesellschaft

Der blasierte Großstadtmensch hat nie gelernt, wofür es sich lohnt, weich zu werden. In seiner Desorientierung begnügt er sich damit, sich für sich selbst zu erweichen und den kleinen Genüssen nachzugeben, die als alternative Therapien für die vielfältigen Krankheiten unserer Zeit angepriesen werden. Die Vorrede von Nietzsches *Zarathustra* zeichnet davon ein eindrucksvolles prophetisches Bild:

> Seht! Ich zeige euch *den letzten Menschen.*
> ‹Was ist Liebe? Was ist Schöpfung? Was ist Sehnsucht? Was ist Stern?› – so fragt der letzte Mensch und blinzelt.
> Die Erde ist dann klein geworden, und auf ihr hüpft der letzte Mensch, der Alles klein macht. Sein Geschlecht ist unaustilgbar wie der Erdfloh; der letzte Mensch lebt am längsten.

> ‹Wir haben das Glück erfunden› – sagen die letzten Menschen und blinzeln. …
> Man arbeitet noch, denn Arbeit ist eine Unterhaltung. Aber man sorgt, daß die Unterhaltung nicht angreife. …
> Kein Hirt und Eine Heerde! Jeder will das Gleiche, jeder ist gleich: wer anders fühlt, geht freiwillig in's Irrenhaus.
> ‹Ehemals war alle Welt irre› – sagen die Feinsten und blinzeln.
> Man ist klug und weiß Alles, was geschehn ist: so hat man kein Ende zu spotten. Man zankt sich noch, aber man versöhnt sich bald – sonst verdirbt es den Magen.
> Man hat sein Lüstchen für den Tag und sein Lüstchen für die Nacht: aber man ehrt die Gesundheit.
> ‹Wir haben das Glück erfunden› – sagen die letzten Menschen und blinzeln.[24]

Dieses Augenblinzeln verbreitet sich heute über die vielen öffentlichen Kommunikationskanäle (zumindest im Westen). Was hier geschieht, ist nicht nur die Sinnentleerung des gesammelten Schatzes an Symbolen, Erzählungen, Mythen, Riten und kollektiven Praktiken, auf die man (auch unbewusst) zurückgreifen kann, um dem Leben eine Orientierung zu geben, der Gewalt eine Grenze zu setzen und sich als Teil einer gemeinsamen Welt zu fühlen. Die symbolische Verelendung, unter der wir leiden, besteht vor allem im Zustand der Abgetrenntheit und allgemeinen Unaufmerksamkeit der großstädtischen Individuen, die sich tagtäglich vor dem Übermaß an Welt verteidigen müssen – und vor dem Mangel an Lebendigkeit. Wir befinden uns in einem paradoxen Zustand: Die Überreizung und emotionale Überlastung des urbanen Gefühlslebens haben die Abstumpfung der Gefühle und die Abschwächung von Bindungen als systematische Folge. Wir werden derart von Nachrichten überflutet – visuell, klanglich und olfaktorisch – und unsere Sinne werden ständig so gereizt, dass wir langsam Sinn und Besinnung verlieren. Das allgemein wirksame Dispositiv, durch das die heutige digitale Kulturindustrie Gefühle und Aufmerksamkeit absorbiert und kontrolliert, führt zu einem weit verbreiteten Verlust der Aufmerksamkeit sowie des elementaren Kontaktes der Subjekte mit ihresgleichen und der Welt. Wenn die anderen zu viel sind, wenn die Welt zu viel ist, bleiben die Nerven auf der Strecke, erschöpfen sich oder erfinden sich mit einem Augenblinzeln ein neues Glück.

Analysiert man dieses Modell der urbanen Menschheit, so scheint es der Situation von Nietzsches letztem Menschen zu entsprechen, der den Nihilismus seiner Zeit durch Arbeiten erträgt. Wir haben es hier mit dem *animal laborans* zu tun, das sich selbst aus völlig freien Stücken ausbeutet, ohne äußeren Zwang. Das ist die spätkapitalistische Form von freiwilliger Sklaverei und endloser Verpflichtung. Wie der koreanische Philosoph Byung-Chul Han in seinem Buch *Müdigkeitsgesellschaft* schreibt, ist der globalisierte Weltbürger Täter und Opfer zugleich: Er ist nicht mehr den Imperativen der traditionellen Gesellschaft unterworfen, sondern dem Leistungsprinzip und der Hyperproduktivität des Systems. Die Ausbeutung der Arbeit, die die sozialistischen und marxistischen Bewegungen seit dem 19. Jahrhundert angeprangert haben, wird zur Selbstausbeutung und -vermarktung des Subjektes, das von einer selbstauferlegten Hektik angetrieben wird, die sich beständig steigert. Das Leistungssubjekt der modernen Metropole, das sich für einen befreiten Prometheus hält, führt in Wirklichkeit Krieg gegen sich selbst und erschöpft seine Kräfte durch die eigene Aktivität. Wie der Adler im antiken Mythos ernährt es sich von der eigenen Leber, einem schmerzunempfindlichen Organ, das immer wieder nachwächst und so die Krankheit chronisch werden lässt. Dieser unbewusste Krieg ist dabei nicht weniger hart und zermürbend.

> Nicht der Imperativ, nur sich selbst zu gehören, sondern der *Leistungsdruck* verursacht die Erschöpfungsdepression. So gesehen, bringt das Burnout-Syndrom nicht das erschöpfte *Selbst*, sondern eher die erschöpfte, ausgebrannte Seele zum Ausdruck. … Krank macht in Wirklichkeit nicht das Übermaß an Verantwortung und Initiative, sondern der Imperativ der Leistung als neues *Gebot* der spätmodernen Arbeitsgesellschaft. … Das Leistungssubjekt ist frei von

> äußerer Herrschaftsinstanz, die es zur Arbeit zwingen oder gar ausbeuten würde. Es ist Herr und Souverän seiner selbst. … Der Wegfall der Herrschaftsinstanz führt nicht zur Freiheit. Er lässt vielmehr Freiheit und Zwang zusammenfallen. So überlässt sich das Leistungssubjekt der *zwingenden Freiheit* oder dem *freien Zwang* zur Maximierung der Leistung. Der Exzess der Arbeit und Leistung verschärft sich zu einer Selbstausbeutung. Diese ist effizienter als die Fremdausbeutung, denn sie geht mit dem Gefühl der Freiheit einher. Der Ausbeutende ist gleichzeitig der Ausgebeutete … Die psychischen Erkrankungen der Leistungsgesellschaft sind gerade die pathologischen Manifestationen dieser paradoxen Freiheit.[25]

Die Aktiv- und Leistungsgesellschaft bringt ein Übermaß an Müdigkeit und Erschöpfung hervor, was zu typischen körperlichen und psychischen Zuständen einer überbordenden Welt führt, welche an einem Übermaß an Positivität leidet – bzw. einem Übermaß an Objekten, Versuchen, Möglichkeiten und Situationen. In der gegenwärtigen Situation, die von der Geldwirtschaft reguliert wird, gibt es wenig Raum für Momente des Mangels, der Ruhe, der Leere, des Verarbeitens und Erzählens. Die Leere wird sofort aufgefüllt, sie kann sich selbst nicht aushalten. Die Arbeitshektik wird zum Ort des Genusses, ohne dass dies tatsächlich die Lebenskräfte steigerte. Noch einmal Nietzsche:

> Man schämt sich jetzt schon der Ruhe; das lange Nachsinnen macht beinahe Gewissensbisse. Man denkt mit der Uhr in der Hand, wie man zu Mittag isst, das Auge auf das Börsenblatt gerichtet, – man lebt wie einer, der fortwährend etwas ‹versäumen könnte›. ‹Lieber irgend etwas tun als nichts› – auch dieser Grundsatz ist eine Schnur, um aller Bildung und allem höheren Geschmack den Garaus zu machen.[26]

Die fundamentale Krankheit dieser Leistungs- und Erregungsgesellschaft, dieser von Initiative und Sicherheitsabstand charakterisierten Gesellschaft, ist letztlich grenzenlose Müdigkeit. Sie entsteht, wenn sich ein hyperaktives Subjekt in einer gesellschaftlichen Konstellation bewegt, wo das Ideal einer immunitären Freiheit – im Sinne einer Befreiung von den drückenden Banden der traditionellen Gesellschaft – mit dem Leistungsimperativ verknüpft ist. So sind die Subjekte den eigenen Kräften ausgeliefert. In der heutigen hochindividualisierten Gesellschaft, in der die großen Erzählungen der Tradition ihre Legitimität und Orientierungskraft verloren haben, muss jeder seine Biographie auf radikal autonome Weise entwickeln. Statt einer emanzipatorischen Wirkung entfaltet diese Situation allmählich ein untragbares Risiko, dessen einschneidende Wirkung im Verlust eines gemeinschaftlichen Horizontes besteht, auf den sich die Last der Verantwortung ganz einfach verlagern lässt.

Dieser Seelenzustand des hochentwickelten Westens bringt also ein Subjekt hervor, das nach Leistung strebt, nicht nach Berufung. Der Unterschied ist immens – auch wenn, wie Max Weber sagen würde, Beruf und Berufung dieselbe Wurzel haben. Ursprünglich war auch unternehmerisches Handeln eine Frage der Auserwähltheit oder der Berufung – mit anderen Worten eine Frage des Glaubens. Zur Zeit des Kapitalismus *in statu nascendi* war die Arbeit der Ort, wo man seine menschliche und religiöse Berufung lebte und erfüllte, als Antwort auf einen Ruf, der zur Übernahme von Verantwortung für die Welt aufforderte. Was in der heutigen Zeit ohne Götter bleibt, ist die verantwortungsvolle Last des Berufs, doch der Sinn der Berufung hat sich verloren. Man investiert weiter, doch es gibt keinen großen Anderen, dem man die eigenen Sorgen und Erfolge widmet und durch den man Anerkennung und Erlösung erlangt. In den versöhnlichen Worten Charles Péguys scheint es so zu sein, als billige Gott keineswegs dieses postkapitalistische Sein und Handeln seiner Kinder:

Nun sagt man mir, dass es Menschen gibt,
Die gut arbeiten und schlecht schlafen.
Die nicht schlafen. Welch ein Mangel an Vertrauen
in mich.
Fast schlimmer noch ist das, als wenn sie schlecht
arbeiteten, aber gut schliefen.

Als wenn sie nicht arbeiteten, aber schliefen,
denn auch die Trägheit
Ist keine ärgere Sünde als die sorgende Unruhe.
Eine geringere Sünde sogar als die sorgende Unruhe.
Und die Verzweiflung und das fehlende Zutraun
zu mir.
…
Ich bedaure sie. Ich bin ihnen gram. Ein wenig.
Sie schenken mir kein Vertrauen.
…
Sie haben Mut zu der Arbeit. Sie haben den Mut
nicht zum Nichtstun.
Sie können sich nicht entspannen. Sich ausruhen.
Schlafen.
Die Armen, sie wissen ja nicht, was gut ist.
Sie lenken ihre Geschäfte recht gut während
des Tages.
Doch sie wollen mir nicht deren Lenkung
anvertrauen während der Nacht.[27]

Dieses Schlechtschlafenkönnen ist wie ein Mangel an Hoffnung, wie eine Sorge, die uns nie eine Pause gönnt. Es erzeugt eine Müdigkeit, die unsere Aufmerksamkeit ablenkt von dem, was uns umgibt. Bleischwer wirft sie uns auf uns selbst zurück und macht uns unfähig zu reagieren. Müdigkeit macht nervös, streitsüchtig und misstrauisch; sie ist ohne jede Zärtlichkeit. Daher ist sie ein Zustand der Einsamkeit, der trennt und isoliert, auch wenn es nicht unsere Absicht ist, auch wenn wir uns im anderen ausruhen wollten. Das hyperaktive und erschöpfte Subjekt hat eine eigentümliche Unfähigkeit zu sehen und zu reden. Wer erschöpft ist, hat all seine Möglichkeiten ausgeschöpft und sieht nichts mehr vor sich. Er hört auf zu hoffen und zu warten und überlässt sich dem Nichts. Denn müde ist man stets durch etwas, oder man ist einer Sache müde, doch erschöpft ist man durch nichts. Alles, was möglich ist, hat man getan, und wie viele der Figuren von Beckett setzt man sich nur noch hin und wartet auf das Ende. Genau das nennt Peter Handke in seinem *Versuch über die Müdigkeit* «entzweiende Müdigkeiten»:

> Wie zum Fürchten war etwa seinerzeit die Art der Müdigkeit, die sich zusammen mit einer Frau ergeben konnte. Nein, diese Müdigkeit ergab sich nicht, sie ereignete sich, als ein physikalischer Vorgang; als Spaltung. Und sie traf auch nie mich allein, sondern jedesmal zugleich die Frau, so als käme sie, wie ein Wetterumschlag, von außen, aus der Atmosphäre, vom Raum. Da lagen, standen oder saßen wir, gerade noch selbstverständlich zu zweit, und von einem Moment zum andern unwiderruflich getrennt. Ein solcher Moment war immer einer des Erschreckens, manchmal sogar des Entsetzens, wie bei einem Sturz: ‹Halt! Nein! Nicht!› Aber nichts half; die beiden fielen schon, unaufhaltsam weg voneinander, ein jeder

> in seine höchste eigene Müdigkeit, nicht unsere, sondern meine hier und deine dort. Mag sein, dass die Müdigkeit in diesem Fall nur ein anderer Name für Gefühllosigkeit oder Fremdheit war – doch für den Druck, der auf dem Umkreis lastete, war sie das der Sache gemäße Wort.[28]

Es geschieht wie ein physikalischer Spaltungsprozess, bei dem zu schwere Elemente zerfallen. Diese einsamen Müdigkeiten sind bedrohlich, da sie jede Einheit, jede Gemeinsamkeit, jede Nähe, ja sogar jede Sprache zerstören. Es ist die Müdigkeit am Abend, nach einem schweren Arbeitstag, es ist die morgendliche Müdigkeit nach einer langen arbeitsintensiven Zeit, es ist die Müdigkeit durch die Überfülle an Sorgen und Problemen, die die Seele belasten, ohne Aussicht auf Erleichterung. So wie es hässliche oder bösartige Krankheiten gibt, kann es für Handke hässliche und bösartige Müdigkeiten geben, die einen Menschen entstellen und sich auch auf seine Umgebung übertragen. Der müde Mensch wird zu einer «Groteskfigur mit Elefantenkopf, auch so schwer, so trockenäugig, so wulsthäutig». In diesem krankhaften, beinahe halluzinierenden Zustand zwischen schlaflosen Nächten und plötzlichem Wegdämmern neigt das Individuum nicht nur dazu, sich selbst in ein monströses Wesen zu verwandeln, sondern seine müde Verfassung auch auf die anderen auszudehnen, denen es begegnet: «Jene Art Müdigkeit, sprachlos, wie sie bleiben musste, nötigte zur Gewalt. Diese äußerte sich vielleicht nur im Blick, der das andre entstellte».[29] Es ist eine Müdigkeit, die nicht spricht, nicht sieht und der das Fingerspitzengefühl fehlt. Sie hat keine Hände und keine Blicke, die sich sanft auf die Wangen der Welt legen könnten. Es ist ein emotionaler Stillstand oder eine Verfinsterung des Persönlichen, die das Subjekt überwältigen und ihm alles unangenehm erscheinen lassen. Dieser Zustand der Verarmung und Gefühllosigkeit erinnert an eine Lähmung und bringt stets «Blickunfähigkeit und Stummheit»[30] mit sich. In den Worten von Charles Péguy:

> Den liebe ich nicht, spricht Gott, der immerzu
> grübelt
> Und der sich abhärmt und sorgt
> Und dem ständig der Schädel schmerzt
> An der Schranke der Stirn und ein Kopfweh drückt
> In der Höhlung des Nackens und hinten im Kopf.
> Am Sitze der Unrast.
> Und der ständig die Brauen zusammenzieht
> Wie einer, der unglücklich ist insgeheim.
> Mit klopfenden Schläfen, vom Fieber verzehrt.
> Und dem auch die Augenlider zerknittert sind,
> Weil er immer nur auf den morgigen Tag blickt.
> Genügt es denn nicht, dass *ich* auf ihn blicke,
> auf den morgigen Tag?
> O Nacht, du erlangst es zuweilen, dass er ablässt,
> dieser Arme.

Und sich entspannt. Das ist alles, was ich von ihnen
verlange.
Dass er nicht eine ständige Flut in seinem Kopfe
umherwälzt.
Ein Weltmeer der Unrast.
Was verlange ich denn? Dass sie die Augen
schließen ein Weilchen.
Dass sie sich nach dem Gebet in ihr Bett legen,
der Länge nach.
Die Beine am Ende der Füße und den Leib am Ende
der Beine und den Kopf am Ende des Leibes.
Dass sie endlich die Waffen strecken, die armen
Kinder, nicht mehr gegen mich auf der Hut sind.
Dass sie schlafen wie Tiere, wie ein braver Ackergaul
auf gutem Stroh, ohne nachzudenken,
Ohne vorauszusehen, ohne zu rechnen,
Das ist es, was ich verlange, es ist doch wirklich
nicht schwer.
Das ist's, was ich nicht erreichen kann.[31]

Müdigkeit ist die Unfähigkeit loszulassen. Sie ist das Symptom des Unvermögens, sich unter dem großen Mantel der Nacht auszustrecken und zu entspannen. Sie ist ein Mangel an Hoffnung, der eine permanente Migräne hervorruft, es gibt niemanden, dem man seine Last anvertrauen kann, damit er sie ein Weilchen übernimmt. Und so halten wir heute in dieser bedrohlichen Zeit des Übergangs auch nichts mehr aus. Vor allem wenn wir auf den Schmerz treffen, einen tiefen Schmerz, der uns innerlich und äußerlich krümmt. In solchen Momenten fällt es uns sehr viel schwerer, uns aufeinander zu verlassen. Man hat kein Grundvertrauen in die Welt, jeder Ort kann eine unmittelbare Bedrohung bergen. Man muss stets wachsam sein, denn es könnte sein, dass schon jemand auf der Lauer liegt. Wir können keinen Frieden finden, nicht aufhören zu denken und zu reden, um endlich ein wenig loszulassen.

4

Postmetaphysische Jugend

Alles erzeugt Müdigkeit, denn nichts verweist auf einen Sinn, den man den Dingen geben könnte. Diese Art von Erschöpfung führt zu einer Verzerrung des Raums, den wir gemeinsam bewohnen, sie macht aus ihm eine sinnlose Leere, die Körper und Geist des Einzelnen bedrückt. Es ist nicht allein eine physikalische Angelegenheit, es geht um die grundlegende Frage, in was für einer Welt wir leben und wie wir sie aufnehmen. Die entzweiende Müdigkeit ist in erster Linie ein Zustand ohne Begehren und ohne Berufung. Es ist eine Einwegmüdigkeit, bei der sich das Leben selbst verbraucht, ohne recht zu wissen, warum. Daher bleibt sie stumm. Die Sprache ist der Ursprungsort des Begehrens und des Gebets, der Dankbarkeit und der Bitte um Nähe. Ohne Sprache gibt es keine Bindung, in der man sich ausruhen kann, keine Stadt, wo man Rast machen, und niemanden, mit dem man sich ausruhen könnte, bei dem man sich ausstreckt, ohne zu planen und zu berechnen.

Vor allem die junge Generation ist chronisch erschöpft. Das liegt nicht daran, dass sie ihre Energie verausgabt, sondern dass es vergeudete und sinnlose Energien sind. Die Jugendlichen sind heute gewissermaßen «energetisch» fehlgeleitet: entweder außer Rand und Band oder zu lau. Grund dafür ist das allgegenwärtige, wenn auch nicht immer ausgesprochene Bewusstsein, dass es sowieso keinen Sinn hat. Nietzsche definiert diese Situation sehr treffend: ‹Nihilism: es fehlt das Ziel; es fehlt die Antwort auf das ‹Warum?› was bedeutet Nihilism? – daß die obersten Werthe sich entwerthen».[32] Verstehen wird man mich erst in einem Jahrhundert, fügt er noch hinzu.

Die Entwertung der Leidenschaften und großen Ideale, die die traditionelle symbolische Ordnung geprägt hatten, erlebte der Philosoph auf ganz persönliche und tragische Weise als Krise des Gefühlslebens und nicht nur als intellektuelle Krise. Er begrüßte diese Krise mit Enthusiasmus, auch wenn er ihre große Gefahr erkannte. Die kulturellen und sozialen Auswirkungen, die mit dem Verschwinden dieses Bezugsrahmens einhergehen, sind kein akademisches Problem, sondern sie durchdringen die Luft, die wir atmen. Der Himmel hängt tiefer, und uns geht ein wenig die Luft aus. Nietzsche schreibt in *Also sprach Zarathustra*: «Ein wenig Gift ab und zu: das macht angenehme Träume. Und viel Gift zuletzt, zu einem angenehmen Sterben. Man arbeitet noch, denn Arbeit ist eine Unterhaltung. Aber man sorgt, dass die Unterhaltung nicht angreife.»[33] Diese zynisch-skeptische Betäubungsmentalität hat in den letzten Jahrzehnten den durchschnittlichen psychologischen Typ in den globalisierten Großstädten geprägt: Zwischen niedriger Gefühlsintensität und hoher instinktiver Skrupellosigkeit dehnen sich die Bereiche eines entfremdeten und einsamen Empfindens aus, wo es an Sprache und Geselligkeit fehlt, aber von unausgesprochenen Fragen und diversen Euphorien wimmelt.

In einem fulminanten Aufsatz, den er 1914 kurz vor Ausbruch des Ersten Weltkriegs schrieb, zeichnet Walter Benjamin ein intensives und sehnsuchtsvolles Porträt der ambivalenten Situation der Jugend seiner Zeit, die viel mit der heutigen gemeinsam hat.

> *Eine Generation will wieder am Scheideweg stehen, aber nirgends ist die Wegscheide.* Jede Jugend musste wählen, aber die Gegenstände ihrer Wahl waren ihr bestimmt. Die neue Jugend steht vor dem Chaos, in dem die Gegenstände ihrer Wahl (die heiligen) verschwinden. Kein ‹rein› und ‹unrein›, ‹heilig› und ‹verworfen› leuchtet ihr voran, sondern nur Schulmeisterworte ‹erlaubt-verboten›. … Umgeben vom Chaos der Dinge und Menschen, deren keine geheiligt, keine verworfen sind, ruft sie nach Wahl. Und wird nicht eher aus tiefstem Ernst wählen können, bis die Gnade das Heilige und Unheilige neu geschaffen hat. … So lange aber lebt sie ein schwer ver-

> ständliches Leben, voller Hingabe und Mißtrauen, Verehrung und Skepsis, Selbstaufopferung und Ichsucht. Dieses Leben ist ihre Tugend. Kein Ding, keinen Menschen darf sie verwerfen, denn in jedem (in der Litfaßsäule und im Verbrecher) kann das Symbol oder der Heilige erstehen. Und doch – an niemanden darf sie sich ganz verschenken, niemals ihr Inneres im Helden, den sie verehrt, und im Mädchen, das sie liebt, ganz wiederfinden. Denn die Beziehung des Helden und der Geliebten zum Letzten, Wesentlichen: zum Heiligen sind dunkel und ungewiß. Ungewiß unser eigenes Ich, das wir in der Wahl noch nicht fanden.[34]

In diesen Zeilen lassen sich unschwer einige wichtige Charakteristiken der postmodernen Lebenssituation erkennen: die Enttäuschung über Ideologien, die Entfernung von der offiziellen Kirche, die «religiöse» Sehnsucht nach etwas Neuem, das nur als Gnade kommen kann, der Wunsch nach Selbstaufopferung, der ständig von einem Skeptizismus gegenüber jedem Engagement untergraben wird. Wie André Malraux schrieb: «Es gibt kein Ideal, dem wir uns opfern können, denn wir wissen, dass sie alle lügen – wir, die wir nicht wissen, was die Wahrheit ist.» Am «Scheideweg» zu stehen in dem Moment, wo die Wegscheide verschwunden ist, erzeugt natürlich eine große Müdigkeit. Orientierung im Leben zu suchen – in einer Zeit des Untergangs der metaphysischen Gewissheiten, des Endes der politischen Ideale und der großen symbolischen Erzählungen – und keine Orientierung zu finden, weil jedes aussagekräftige Zeichen fehlt, jeglicher verlässliche Hinweis und jedes Wort einer anerkannten Autorität – das ist der Widerspruch, der unsere Zeit durchdringt und Tag für Tag übermüdete Existenzen hervorbringt. Dieser Widerspruch kann sich als Zweifel äußern, als Misstrauen, als Schwierigkeit, sich ganz zu «verschenken», oder als fortwährende Aushöhlung der Symbole und Mythen. Im schlimmsten Fall entlädt er sich im gewalttätigsten Radikalismus, wenn sich in Ermangelung besserer Alternativen der ungestillte jugendliche Hunger nach Absolutem in die bedingungslose Hingabe an eine extreme Sache verwandelt. Letztlich kommt die Ambivalenz in einer verbreiteten emotionalen Dissonanz zum Ausdruck, die jeglichem langfristigen Handeln Energien raubt. Die Folge ist eine gewisse Ohnmacht, eine unruhige Passivität, rasender Stillstand und ein starkes Unbehagen. Benjamin zufolge steht diese Jugend einer Philosophie des Nichthandelns nahe: Sie steht am Scheideweg, «aber nirgends ist die Wegscheide»; sie kann sich nicht entscheiden, solange nicht «die Gnade das Heilige und Unheilige neu geschaffen hat», solange die Menschen nicht wieder leidenschaftliche Zugehörigkeit fühlen – sicher nicht zu einem götzendienerischen Nihilismus, welcher Couleur auch immer, sondern Zugehörigkeit zu authentischen Idealen und lebendigen Zeugnissen, die den verhärmten Körpern heute erneut Saft und Mut geben könnten.

Der Grund für das neue Unbehagen der Jugendlichen ist also nicht ein Übermaß an patriarchaler Autorität, deren ehernes Gesetz jeden Ausdruck von Einzigartigkeit und jeden Anflug von Freiheit unterdrückt (das, was Benjamin als schulmeisterliches Erlauben und Verbieten bezeichnet). Die entscheidende Frage ist nicht mehr der Generationskonflikt (der sich selbst verändert hat), sondern ein allgemeines Erlöschen, die systemische Schwierigkeit, einen Sinn in etwas zu finden, sich neue Konstellationen vorzustellen und ein intensiveres Leben zu erträumen. Es geht um die Erfahrung eines erschöpften Begehrens, die die Existenz auf sich selbst zurückwirft und sie von allem Möglichen abhängig macht (von Technik bis hin zu Drogen, von charismatischen Führern bis hin zu religiösen Sekten). Diese fortschreitende Schwächung des Gefühls von Lebendigkeit ist wie ein gegenläufiger Effekt zum hyperaktiven und hyperproduktiven Trieb der heutigen Zeit. Sie wird nämlich nicht in erster Linie von einem Mangelgefühl hervorgerufen, sondern von einem mangelnden Gespür für das Weglassen, anders gesagt, von einer durch Maßlosigkeit geprägten Situation, in der ständig hinzugefügt und nie weggelassen wird. Dieses Übermaß an Fülle und das Fehlen von Leerem ist kein fruchtbarer Boden für das Begehren, das von Einschränkung und Mangel lebt. Vielmehr ist es eine autistische Zeit, wo man ständig online ist, ständig unter Strom steht und wo sich gewalttätige Gesten bis zum Massaker steigern ohne Mitleid für sich und den anderen.

Man kann einen Zusammenhang zwischen dieser dissonanten Grundstimmung ohne Hoffnung, ohne Zärtlichkeit und dem distanzierten Verhalten des Großstädters finden, des rationalen Menschen der Global City, der routinemäßig eine Strategie der Distanz verfolgt. Man kann ein Problem einordnen, aber man darf sich nicht zu sehr involvieren lassen. Man kann sich zärtlichen Gesten hingeben, ohne jedoch die eigene Verletzlichkeit zu offenbaren, während man die Verletzlichkeit des anderen berührt. Einerseits hat man einfach Angst, sich mitreißen zu lassen, andererseits ist man realistisch genug, um gar nicht erst die Möglichkeit in Betracht zu ziehen, dass man etwas verändern kann.

Diese zynisch-skeptische Haltung der rationalen Welt der Erwachsenen mit ihrer Unfähigkeit, sich zu entspannen und sich dem anderen anzuvertrauen, ist das Symbol des aufgeklärten, fortschrittlichen Westens. Sie ist die Kehrseite der extremen Selbstauslieferung radikalisierter Jugendlicher, die an die unmöglichsten Orte reisen auf der Suche nach einem glorreichen Ziel, dem sie sich opfern können. In einer Welt, die sich immer weitergehend selbst verbraucht, fehlt es an Berufungen und Leidenschaften, und so wenden sich diese Jugendlichen anderem zu – einer Sache, einem Anführer, dem Tod –, um ihrer Trostlosigkeit einen Sinn zu geben und ihrer Geschichte einen Namen.

In seinem Meisterwerk *Der Mann ohne Eigenschaften* findet Robert Musil treffende Worte, um Ulrichs Unbehagen auszudrücken, das viel mit der seelischen Stimmung gemeinsam hat, die heute im Urbanen verbreitet ist:

> Das Leben wurde immer gleichförmiger und unpersönlicher. In alle Vergnügungen, Erregungen, Erholungen, ja selbst in die Leidenschaften drang etwas Typenhaftes, Mechanisches, Statistisches, Reihenweises ein. Der Lebenswille wurde breit und flach wie ein vor der Mündung zögernder Strom. Der Kunstwille war sich schon selbst beinahe verdächtig geworden. Es hatte den Anschein, daß die Zeit das Einzelwesen zu entwerten beginne, ohne doch den Verlust durch neue gemeinschaftliche Leistungen ersetzen zu können.[35]

In dieser epochalen Atmosphäre ohne Schwerkraft[36], wo sich jeder vertikale Impuls in Ermangelung handfester Anziehungspunkte verflüchtigt, wird es immer schwieriger, seinen Platz als Subjekt zu finden. Darum wird es immer unwahrscheinlicher, ein Gleichgewicht oder einen kleinen Ankerplatz zu finden, um nicht einfach davonzufliegen. Jede Jugend ruft nach Entscheidungen, doch ohne das Heilige wird alles extrem schwierig. Nichts hat mehr den Glanz eines wertvollen Schatzes, der im Ackerboden versteckt ist; allerdings ist der Acker überfüllt mit

Dingen, von denen keins «geheiligt», keins «verworfen» ist. Folglich entsteht ein Gefühl der Lähmung, das jegliche kollektive Kreativität und individuelle Leidenschaft dämpft: «Das Empfinden, dass in dieser Welt, in unseren Städten, in unseren Gemeinschaften kein Raum mehr ist, um zu wachsen, zu träumen, schöpferisch zu sein, auf Horizonte zu schauen, letztlich: um zu leben, ist eines der schlimmsten Übel, die uns im Leben – und besonders in der Jugend – geschehen können. Die Lähmung lässt uns die Lust verlieren, uns über die Begegnung und die Freundschaft zu freuen, die Lust, gemeinsam zu träumen, unseren Weg mit den anderen zu gehen. Sie entfernt uns von den anderen, hindert uns, einander die Hand zu reichen.»[37] Die Lähmung ergreift Bewegung und Denken. Sie macht düster und misstrauisch, überlässt uns unseren Angstphantasien. Wie Spinoza sagen würde: Traurigkeit erzeugt weitere Traurigkeit, und es entsteht eine tödliche Spirale der Abschottung, die die Vitalität schwächt, jeden Willen und jede Intelligenz auslöscht.

Diese Dynamik muss unbedingt unterbrochen werden. Es braucht Hände, die stark genug sind, sich loszureißen, sich aus den schwarzen Löchern und verkabelten Zimmern zu strecken und die pochenden Schläfen und zusammengekniffenen Lider sanft zu streicheln. Das ist der kategorische Imperativ der westlichen Ära, damit ihre Jugend nicht vor sich hinwelkt und ihr Flug weit genug reicht, um wenigstens die Umrisse eines verheißenen Landes zu erahnen.

Berühre behutsam
behutsam setze deinen Fuß
und achte
auf jeden Flügelschlag
jedes Zucken und Kreisen
jedes Wurzeln und Reifen
jedes Fließen von Wasser und Schnappen
und Picken und Knospen oder
Fallen von Blättern
bis zum Erscheinen
der Blüte.[38]

5

Das harte Herz des Narziss

Nach dem Zweiten Weltkrieg analysierte Theodor Adorno die möglichen Ursachen für unsere heutige Situation sowie für die Tragödie, die Europa erschüttert hatte. Dazu beschäftigte er sich mit einem wichtigen Bereich des öffentlichen Lebens seiner Zeit: mit der Erziehung.

Adorno hatte lange über die Widersprüche der modernen Gesellschaft und die Gefahren einer invasiven und zerstörerischen Massenkultur nachgedacht. Die Erziehung (verstanden im weitesten Sinne von der Schule bis hin zu den Massenmedien) sah er als ein wichtiges Instrument für eine allmähliche und wirksame Veränderung der gesellschaftlichen Beziehungen. Denn nur durch Erziehung sei es seiner Meinung nach möglich, dem wachsenden Konformismus und sektiererischen Identitätszwang entgegenzuwirken. Konkret braucht es ein neues Bewusstsein und eine neue Sensibilität für die

Bedingungen des Fühlens. Die alles durchdringende Vorstellungswelt der konformistischen Gesellschaft steht seiner Meinung nach allen Formen des Fundamentalismus offen. Indem sie sich als alleinige Weltsicht darstellt, schwächt sie den Willen der Einzelnen und manipuliert die Wahrnehmung von Alterität. Darum ist es wichtig, das *Fühlen* wieder zu lernen, um die Welt neu zu sehen und auf neue Weise in ihr leben zu können.

In einer seiner letzten Schriften, «Erziehung nach Auschwitz» (1966), entwickelt Adorno Gedanken, die dazu beitragen sollen, dass sich die von der europäischen Zivilisation hervorgebrachte Barbarei nicht wiederholt. Er ist überzeugt, dass die Bedingungen, die vergleichbare Tragödien der Menschheit möglich machen, in unseren Gesellschaften nach wie vor potentiell präsent und wirksam sind. «Solcher Besinnungslosigkeit ist entgegenzuarbeiten, die Menschen sind davon abzubringen, ohne Reflexion auf sich selbst nach außen zu schlagen. Erziehung wäre sinnvoll überhaupt nur als eine zu kritischer Selbstreflexion.»[39] Die wichtigsten Elemente des Widerstandes gegen jegliche totalitäre und antihumanistische Weltsicht sind Kants Imperativ der subjektiven Autonomie sowie das Prinzip der Selbstbestimmung des Einzelnen, das sich jeder Form von Unterwerfung oder Konformismus widersetzt.

Dieses pädagogische Projekt hat jedoch nicht ausschließlich die kognitive Sphäre im Blick, sondern vor allem die der Gefühle. Denn Adornos Analyse konzentriert sich auf die Gefühlsbildung seiner Zeit. Diese beruhte auf einem bestimmten Ideal von Männlichkeit, Kälte und Zähigkeit sowie dem Aushalten von Anstrengung und Schmerz, was man für die wichtigsten Prinzipien einer zeitgemäßen Pädagogik hielt. Dahinter zeichnet sich ein «orthopädisch» inspiriertes pädagogisches Modell ab, das danach strebt, die Muskelkraft des Ich zu stärken. Dies geschah mit Hilfe der imaginären Maske einer angeblichen subjektiven Autonomie, die Schmerz aushalten kann und so ein Zeichen ihrer emotionalen Reife und Stabilität setzt. Die herrschende Ideologie im damaligen Deutschland verfolgte also eine Erziehung zu Härte und Unempfindlichkeit. Ziel war es, einen psychologischen Panzer zu bilden, um sich jeder möglichen Angst oder Furcht zu widersetzen, und das subjektive Fühlen in einen «Fels unter dem Sand» zu verwandeln. Die Unempfindlichkeit gegenüber Schmerz ist für Adorno ein wichtiges Element, um die Schrecken von Auschwitz zu verstehen sowie «die Ideologie, welche die Kälte verewigt» im Namen eines maßlosen Kultes von Rationalisierung und Effizienz um jeden Preis.

Adorno spricht von der systematischen Schaffung eines «verdinglichten Bewusstseins», das sich stillschweigend in den demokratischen Ländern ausbreitet. Es führt leicht zur massenhaften Identifizierung mit einem Kollektiv sowie zu einer Gleichschaltung, die sofort auf jeglichen Ausdruck von Andersartigkeit reagiert. Diese Tendenz, sich gegen das Abweichende, gegen Leid und

Angst zu «panzern», verwandelt die Subjekte in «Dinge»; wer sich selbst zu einem Ding macht, neigt zwangsläufig dazu, die anderen ebenfalls ausnahmslos als «Dinge» zu behandeln, und es entsteht ein Klima, in dem das grundlegende Erleben von Nähe und Mitgefühl fehlt. Diese verdinglichte und apathische Atmosphäre geht mit der allgemein verbreiteten Bereitschaft zur Verdrängung des Geschehenen einher, und so sind wir weit entfernt von jeder echten Möglichkeit einer reifen und bewussten Aufarbeitung des Grauens.

> Wohl sind ein paar Worte über Kälte überhaupt erlaubt. Wäre sie nicht ein Grundzug der Anthropologie, also der Beschaffenheit der Menschen, wie sie in unserer Gesellschaft tatsächlich sind; wären sie also nicht zutiefst gleichgültig gegen das, was mit allen anderen geschieht außer den paar, mit denen sie eng und womöglich durch handgreifliche Interessen verbunden sind, so wäre Auschwitz nicht möglich gewesen, die Menschen hätten es dann nicht hingenommen. Die Gesellschaft in ihrer gegenwärtigen Gestalt – und wohl seit Jahrtausenden – beruht nicht, wie seit Aristoteles ideologisch unterstellt wurde, auf Anziehung, auf Attraktion, sondern auf der Verfolgung des je eigenen Interesses gegen die Interessen aller anderen. Das hat im Charakter der Menschen bis in ihr Innerstes hinein sich niedergeschlagen. Was dem widerspricht, der Herdentrieb der so ge-

nannten lonely crowd, der einsamen Menge, ist eine Reaktion darauf, ein Sich-Zusammenrotten von Erkalteten, die die eigene Kälte nicht ertragen, aber auch nicht sie ändern können. Jeder Mensch heute, ohne jede Ausnahme, fühlt sich zuwenig geliebt, weil jeder zuwenig lieben kann.[40]

Was Adorno unermüdlich bekämpft, ist genau dieses rückwärtsgewandte Ideal des Menschen, der in der Schule der Konkurrenz und des technologischen Fetischismus herangebildet wird. Getrimmt auf Härte, Unerschütterlichkeit und Funktionalismus, wird er gleichgültig für subjektive Unterschiede und macht «die anderen den Dingen gleich». Die Verdinglichung des Selbst durch die Erlangung männlicher «Reife» sowie die Unfähigkeit, sich der Zerbrechlichkeit und inneren Kluft eines jeden Menschen bewusst zu werden, ist letztlich das Ergebnis einer verfehlten Aufarbeitung der Vergangenheit und einer fatalen Gefühllosigkeit gegenüber der Gegenwart.

In einer solchen psychologischen und pädagogischen Sicht entspricht Zärtlichkeit einer gravierenden Schwäche des Geistes, vergleichbar mit einer falschen Körperhaltung. Man muss geradlinig bleiben, darf keiner Regung nachgeben, die übertrieben mütterliche Züge hätte und somit einer Gesellschaft unwürdig wäre, die lediglich von Männern repräsentiert und regiert wird. Diese systematische Verdrängung der Zärtlichkeit aus der Grammatik des Lebens erzeugt ein mangelndes Gespür für die Qualität des Zusammenlebens, was verheerende Folgen hat – für jede Kultur, wie angesehen und fortschrittlich sie auch sei. Die angebliche Selbstbeherrschung, die sich aus einer unerschütterlichen physischen und psychologischen Geradlinigkeit speist, lässt ein atomistisches und tendenziell erbarmungsloses gesellschaftliches Panorama entstehen, in dem sich die Menschen nur schwer begegnen können (außer, um sich gegenseitig anzugreifen).

Die Philosophen der Antike hatten eine Ahnung davon, nicht nur auf anthropologischer und gesellschaftlicher Ebene, sondern bereits auf kosmologischer und physikalischer Ebene. In seinem Werk *Über die Natur der Dinge*, das die Philosophie des großen Atomisten Epikur kommentiert, schreibt Lukrez über die Bewegung der Atome: «Die Urelemente werden von der ihnen eigenen Schwere in gerader Linie durchs Leere nach unten bewegt, und doch: zu völlig unvorhersehbarer Zeit, an ebenso unvorhersehbaren Orten weichen sie um ein Weniges ab von ihrer geraden Bahn, gerade soviel, dass du von einer Änderung ihrer Bewegung sprechen kannst.»[41] Im 4. Jahrhundert v. Chr. hatten die Atomisten auf keineswegs naive Weise verstanden, dass es einen Anziehungspunkt geben muss, dem sich die Atome zuneigen, wenn sich aus ihnen Orte, Welten oder Personen bilden sollen. Epikur und Lukrez widersprachen den Lehren ihrer Vorgänger Leukipp und Demokrit und vertraten die Ansicht, dass vertikal fallende Atome sich nicht verbinden und mögliche Welten bilden könnten, vor allem keine menschlichen Welten. Darum führten sie das Zufallsprinzip der Deklination ein, d.h. einer winzigen Abweichung von der geradlinigen Bahn, durch die eine Begegnung zwischen den sich bewegenden Atomen tatsächlich möglich wird.

> Im übrigen machen einzelne Atome noch keine Welt. Es bedarf eines *clinamen*. Es bedarf einer Neigung oder einer Zuneigung des einen für den anderen, einer Anziehung des einen durch den anderen, eines gegenseitigen Hingezogenseins. Die Gemeinschaft ist zumindest das *clinamen* des ‹Individuums›. ... Der Individualismus ist ein inkonsequenter Atomismus, der übersieht, daß mit dem Atom immer auch schon eine Welt ins Spiel kommt.[42]

Mit anderen Worten, es gibt dumme und intelligente Atome. Die Suche nach diesem Anziehungspunkt ist keine sentimentale Angelegenheit des Herzens. Das *clinamen*, also jene kleine zufällige Abweichung, die die Bahn der Atome verändert, damit sie sich treffen und aufeinanderstoßen, ist gerade die Aufgabe der Politik. Doch es ist auch eine Aufgabe der Zärtlichkeit. Sie ist nämlich eine Kraft, die auf die allzu strengen und selbstreferentiellen Bahnen von Individuen einwirken kann, die zu stark auf sich selbst konzentriert sind, um sie für eine andere Dimension des Gemeinschaftssinns zu erwecken. Die Zärtlichkeit macht uns weicher, entgegenkommender und zugänglicher für Begegnungen: Sie ist das *clinamen* unserer Hartherzigkeit und bewirkt, dass wir uns dem anderen zuneigen.

Die in der Leistungsgesellschaft vorherrschende Bildung hat jedoch die moralische und politische Lehre aus dieser antiken philosophischen Schule verdrängt. Nicht zufällig sprach Marx von gesellschaftlichem Atomismus und knüpfte an Epikurs Philosophie an. Damit meinte er eine Gesellschaft ohne Bindungen – man könnte sagen ohne *clinamen* –, in der die Subjekte autonom ihr Leben leben, getrennt vom gesellschaftlichen Beziehungsgeflecht, in einem individualistischen und grundsätzlich egoistischen Zustand. Auch Adorno betont, welch furchtbare Ausstrahlungskraft das Ideal der Kälte und Effizienz in der technokratischen Gesellschaft der Vor- und Nachkriegszeit hatte. Individualistische Teilchen bewegen sich durch ein technisiertes Umfeld, von dem sie sich leicht absorbieren lassen, und bilden so gleichgültigen Gewissens ein Magnetfeld. Das ist die Geburt des modernen Individuums durch Reduktion, Immunisierung, Abstraktion und Klärung – wie bei der Dekonstruktion der Wirklichkeit in Descartes' *Meditationen*. Allmählich entstand so ein Makrokosmos aus tendenziell selbstbezogenen Subjekten, die das neue Freiheitspotential umsetzten, was Selbstbestimmung und zugleich eine Entfremdung für die Schwerkraft der Situation mit sich brachte. Individualismus und Konformismus einen die

Individuen der *lonely crowd* – jener kalten Menge aus einsamen Subjekten, die sich streifen, ohne sich zu berühren, als bewegten sie sich auf den geradlinigen Teilchenbahnen, wie sie sich die allerersten Atomisten vorstellten. Die globalisierte Gesellschaft schließlich hat definitiv in das Aneignungssubjekt investiert, das die eigenen Interessen und die Stärkung seiner Identität verfolgt und dem Schicksal der anderen grundsätzlich fremd gegenübersteht.

Jacques Lacan würde diese Hypertrophie des Ich als «das menschliche Symptom par excellence» oder als «Geisteskrankheit des Menschen» bezeichnen, als seine unbewussteste psychische Deformation.[43] Denn die Anmaßung, ein Ich zu sein, ist ein narzisstischer Wahn, den die gesamte zeitgenössische Kultur – von der Philosophie über die Künste bis hin zur Psychoanalyse – immer wieder versucht hat zu analysieren, anzuprangern, einzudämmen und zu kurieren. Die Psychoanalyse entsteht gerade als Diagnose und Therapie dieser Krankheit des Ego – man erinnere sich nur an Sigmund Freuds *Zur Einführung des Narzissmus* (1914): Sie ist die dritte große Kränkung der Menschheit, nach der Kopernikanischen Deklassierung der Erde, welche nun nicht mehr das Zentrum des Sonnensystems bildete, und nach Darwins Degradierung des Menschen durch den Beweis seiner Abstammung vom Affen. Nach dem kosmologischen und dem biologischen Schlag hat Freud nun die psychologische Wunde aufgerissen, indem er die subjektive Identität in Frage stellte und jedes Ideal von Autonomie und Selbstbeherrschung entlarvte. Was Lacan betrifft, so steht am Anfang seiner Psychoanalyse die «tiefgründige Reflektion über Narziss».[44] Sowohl Freud als auch Lacan wollen die angebliche Zentralität und Konsistenz des Ich entmystifizieren sowie jede «überschwängliche Schwärmerei», die im Ich alle Triebe und Leidenschaften erschöpft. Wenn die fundamentalistische Leidenschaft für die Identität das Ich zum Kondensationspunkt für jedes Interesse und jede Form von Kult macht, wird das subjektive Leben paranoid und zwanghaft. Es wird unfähig, die Präsenz von Alterität in sich selbst und außerhalb zu akzeptieren und damit umzugehen. Wie Recalcati exemplarisch erklärt, ist der Brudermord des Kain in engster Verbindung zur Geste des Narziss zu verstehen: «Gerade die Faszination der Identität entzündet den Wahn des Ich und schürt Gewalt, Neid und Hass …. Der Glaube an das Ich – der größte Wahn des Menschen – bedingt den Destruktionstrieb, der alles zerstört, was diesen Glauben stört.»[45] Als Wurzel dieser Aggressivität erkennen wir die Absicht, das uns Ähnliche als Rivalen zu vernichten, sowie die Unfähigkeit, das eigene fragmentierte Wesen zu akzeptieren: unser stets gespaltenes und vom Mangel gekennzeichnetes Wesen, welches der andere uns offenbart.

In Anlehnung an eine große philosophische (und religiöse) Tradition zeigen sowohl Freud als auch Lacan, dass das Ich nie Herr im eigenen Haus ist, dass es stets einen

Bereich der Unkenntnis und Machtlosigkeit in ihm gibt, über den es nie die volle Kontrolle hat, wo jedoch die Wahrheit unseres Begehrens sitzt. Gerade diese Anerkennung und Wahrnehmung der konstituierenden Vielfalt und Exzentrizität des Subjekts – das weder auf seine Rationalität noch seine Irrationalität reduziert werden kann – bildet den Ausgangspunkt für ein menschliches, demokratisches Leben, das man intensiv mit den anderen teilt, indem man jede egozentrierte Arroganz ablegt. Das Bewusstsein erweitert sich, wird offener und gibt uns sogar den Mut, das Unbegreifliche von Fehlleistungen und sprachlichen Kurzschlüssen, Zerstreutheit und Vergesslichkeit in uns anzunehmen, mit anderen Worten das, was einer Rückführung auf direkte Kategorien der Interpretation sanft Widerstand leistet. Wo hingegen Aspekte der Fremdheit oder des Mangels im Namen einer paranoiden Erstarrung oder eines Herrschaftsanspruchs des Ich verdrängt werden, gerade dort versperrt man sich jede Möglichkeit, das Gemeinsame aufzubauen. Alles, was man sich weigert, in sich selbst zu erkennen, projiziert man auf den anderen, auf das, was nicht «Ich» ist, und macht daraus den Staatsfeind, den es zu bekämpfen gilt, den Fremdkörper, von dem man sich reinigen muss.

Die politische Spielart der Paranoia fordert, dass der Dämon des Unbewussten – statt in unseren Träumen, unseren Freud'schen Versprechern und unseren Symptomen zu erscheinen – sich im feindlichen Rivalen verkörpert, in der anderen Kultur, der anderen Religion, im Anderen, von uns Verschiedenen.[46]

Dieser Schutz- und Verteidigungsmechanismus verengt die eigene Sicht der Dinge. Er verhindert, sich selbst und die anderen zu erkennen, und beraubt die menschliche Umwelt auf diese Weise jeder Möglichkeit zu einem demokratischen und solidarischen Austausch. Aus dieser Perspektive lässt sich menschliches Leiden neu verstehen. Die psychische Krankheit entsteht nämlich nicht, «wie hingegen eine gewisse leistungsorientierte Psychologie behauptet, durch eine Zerbrechlichkeit des Ich oder seine ungenügende Strukturierung, sondern im Gegenteil durch dessen *übermäßige Festigung*».[47] Wir haben es hier mit dem «Menschen ohne Unbewusstes»[48] zu tun, der glaubt, nur ein Ich zu sein, gepanzert mit seinen unerschütterlichen, geschlossenen Weltbildern, in denen kein anderer Platz findet. Das psychische Leiden besteht also in einem erhöhten Narzissmus und der damit einhergehenden Gefühlsarmut.

Aus einer ähnlichen Perspektive beschwört Adorno ein Erziehungsmodell, das von der Analyse der grundlegenden Bedingungen des Fühlens der Subjekte ausgeht, so dass diese mit ihrer inneren Welt in Kontakt kommen können, eine Sprache lernen, um ihre Gefühlswelt zu verstehen, auszudrücken und auszurichten. «Das erste wäre darum, der Kälte zum Bewusstsein ihrer selbst zu verhelfen, der Gründe, warum sie wurde.»[49]

Wenn sich die identitäre Leidenschaft auf den Schutz der Grenzen und inneren Zusammenhänge beruft, jede Vermischung mit dem Außen abweist, nicht anerkennt oder abwertet, so muss dieser egozentrischen Phantasmagorie ein Ende bereitet werden, um jeden erneut möglichen Rückfall und tragische Verfolgungen wie in der Vergangenheit zu verhindern. Als ersten Schritt schlägt Adorno vor, sich des eigenen unbewussten Bereichs bewusst zu werden, nicht, um ihn zu bändigen und ans Licht zu bringen, sondern um ihn zu akzeptieren. Es gilt anzuerkennen, dass nicht alles kontrollierbar ist, dass es etwas gibt, das sich dem Willen des Subjekts entzieht, es aus dem Konzept bringt und verwirrt. Dieses Gefühl der Ohnmacht ist nicht das Symptom einer drohenden Krankheit, sondern im Gegenteil das Zeichen einer ersten Kontaktaufnahme mit einer Wahrheit, die uns im Innersten angeht und unsere gemeinsame Verletzlichkeit spürbar macht. Es handelt sich um die erste subjektive Annahme der eigenen Beschränkungen, des eigenen Mangels, was die notwendige Bedingung dafür ist, dass Beschränkungen und Mängel auch bei den anderen akzeptiert, vergeben und geliebt werden können. Ohne diese vorherige Akzeptanz des eigenen Mangelzustands gibt es keine Erfahrung der Vergebung und der Dankbarkeit, wie Melanie Klein zeigt. Man verweigert also von Grund auf gerade das, was die elementarsten Beziehungen zwischen Menschen konstituiert.

Adornos kritische Pädagogik will also dem Besonderen der menschlichen Individuen und ihrer Kraft der Gefühle stärkeres Gewicht geben, um ein neues demokratisches Miteinander und Menschen mit sensiblem Bewusstsein zu fördern. Dieses Ziel ist jedoch nicht erreichbar, ohne sich des eigenen mangelhaften Wesens bewusst zu werden, unserer zerbrechlichen Identität und vor allem unseres gemeinsamen Bedürfnisses nach Zärtlichkeit (gegen jegliche Ideologie der Härte). Sonst sind wir dazu verurteilt, in einer menschlichen Konstellation aus Tyrannen, Bürokraten und Maschinen zu leben, denen Mitleid und Sensibilität fremd sind.

6

Die Revolution der zärtlichen Liebe

Adorno nennt die Liebe als möglichen Ausweg aus Härte und Kälte. Seit Sokrates und Platon sowie später Lacan wissen wir, dass nur der Mangel das Begehren antreibt und nur das Begehren Liebe hervorrufen kann. Die christlichen Gleichnisse haben jahrhundertelang gezeigt, dass nur ein Subjekt, das die eigene Verletzlichkeit anerkennt, fähig ist, um Vergebung zu bitten und Vergebung zu erteilen. Nur ein schutzlos ausgesetztes und verletztes Subjekt, das Verlassenheit und Gnade erfahren hat – wie der leidende Jesus vor Pilatus –, kann sich einer echten Erfahrung von Liebe öffnen. Nur die Liebe des Feindes und das Vergeben einer zugefügten Kränkung kann die tödliche Kette der Rache und des andauernden Leids unterbrechen, die Individuen und Kollektive dazu verurteilt, sich gegenseitig zu vernichten. Doch nur aus der Wahrnehmung der Zeichen der eigenen Verletzlichkeit sowie der Verletzlichkeit anderer kann Vergebung entstehen, statt Hass und Rache. Nur aus der Zärtlichkeit als besonderem Gespür für die Anzeichen der Verletzlichkeit kann Liebe für den anderen entstehen. Die unbestreitbare Verbindung zwischen Liebe und Zärtlichkeit, die für die erotische Erfahrung oder die mütterliche Liebe wesentlich ist, verweist vor allem auf die Möglichkeit der «Zuneigung» zum anderen: sich dem anderen ohne jede aggressive oder beleidigende Absicht im grundlegenden Bewusstsein des gemeinsamen Mangels zu nähern. Um dem Bösen zu widerstehen, ist ein weiches Wesen vonnöten. Das ist die härteste Herausforderung, vor die die Menschheit jemals gestellt wurde.

Auch Adorno sieht, dass nur die Liebe die Zivilisation vor ihren schlimmsten Auswüchsen retten kann, so dass sich diese nicht wiederholen. Doch sogleich fügt er hinzu:

> Verstehen Sie mich nicht falsch. Ich möchte nicht die Liebe predigen. Sie zu predigen, halte ich für vergeblich: keiner hätte auch nur das Recht, sie zu predigen, weil der Mangel an Liebe – ich sagte es schon – ein Mangel *aller* Menschen ist ohne Ausnahme, so wie sie heute existieren. Liebe predigen, setzt in denen, an die man sich wendet, bereits eine andere Charakterstruktur voraus als die, welche man verändern will. Denn die Menschen, die man lieben soll, sind ja selber so, dass sie nicht lieben können, und darum ihrerseits keineswegs so liebenswert.[50]

Die Liebe zu predigen, ist ein paradoxes Unterfangen. Einerseits geht es natürlich um die grundlegende Frage des Schicksals des menschlichen Geistes: Im Vergleich zur Liebe ist alles andere, wenn wir ehrlich sind, lediglich Geschäftigkeit und ein Sichabplagen, das uns zwar am Leben erhält, uns jedoch nicht wirklich retten kann. Andererseits betont Adorno, wie fragwürdig es ist, jemandem Liebe zu predigen, der aufgrund seiner Lebensbedingungen nicht in der Lage ist, sie anzunehmen, was das gesamte Unterfangen noch grotesker macht. Letztlich sind wir alle fragwürdige Subjekte und Objekte der Liebe, unfähig, ihrer Wahrheit und Ewigkeit gerecht zu werden. Wie konnte es so weit kommen? Woher kommt all die Härte? Wie finden wir zur Zärtlichkeit zurück, die uns ins Leben gerufen hat? Doch solange wir die Ungeheuerlichkeit dieser uns durchdringenden Fragen nähren und mit ihr ringen, solange es Menschen gibt, die sich lieben, so lange können auch wir hoffen, geliebt zu werden. Solange jemand den Mut hat, zur Revolution der Liebe und der Zärtlichkeit aufzurufen, können wir uns rückbesinnen, dass wir durch sie in die Welt kamen und berufen sind, zu ihr zurückzukehren und dort Rast zu finden. Es ist das Einzige, womit wir Menschen uns vor der Kälte und Dunkelheit schützen können, die uns befallen, wenn das Bewusstsein alles in Frage stellt.

Lacan schlägt eine ebenso kryptische wie verblüffende Definition der Liebe vor, die fast eine unbeabsichtigte Antwort auf Adornos kritische Überlegungen ist.

«Liebe», so Lacan, «ist die Gabe dessen, was man nicht hat, an jemanden, der es nicht will».[51] Wie kann man etwas geben, was man nicht hat? Und auch noch jemandem, der es nicht will? Die Liebe fordert tatsächlich nie etwas, sie ist nicht Bedürfnisbefriedigung oder Objekthunger. Sie schenkt uns kein Bild – kein idealisiertes Selbstbild –, keine Begabung und auch keine Nahrung. Die Mutter ist für ihr Kind nicht nur die Brust, die Befriedigung eines elementaren Bedürfnisses und eines biologischen Triebs, sondern sie ist auch Zeichen. Sie ist, anders gesagt, die Antwort auf das Begehren zu sein sowie auf das Begehren nach einer Präsenz. Die Liebe gibt nichts oder, besser gesagt, etwas, was jenseits der Dimension von Haben oder Nichthaben liegt, nämlich im Bereich des Symbolischen, in der Anerkennung des Namens. Man schenkt nicht das, was man hat, sondern das, was man ist, anders gesagt, die eigene Nichtallmacht und Zerbrechlichkeit, die Leere, die ein Subjekt im anderen eröffnet, sobald es geliebt wird. Während sich das Genießen durch Dinge und «das Ding» verwirklicht, lebt die Liebe vom Begehren des Anderen, «sie fordert das Zeichen für den Mangel des Anderen».[52] Der bekannteste Dialog über die Liebe, Platons *Symposion*, hat als Erster die Bedeutung einer *positiven* Beziehung zwischen Eros und Mangel aufgezeigt. Liebe erzeugt Mangel, doch in gewisser Weise nährt sie ihn auch, als wäre er ein Gegenmittel für jede illusorische Erwartung, eine Befriedigung des Genießens zu erreichen (worin nicht die Wahrheit des Eros liegt). Im platonischen Mythos ist Eros der Sohn der Bedürftigkeit (Penia) und des Erfindungsreichtums (Poros). Er lebt in Armut, doch seine Umtriebigkeit macht, dass dieser Zustand fruchtbar und nicht zerstörerisch wird.

> Als Sohn des Poros und der Penia nun ist dem Eros folgendes Los zuteil geworden: Erstens ist er beständig arm, und viel fehlt daran, dass er zart und schön wäre, wie die meisten glauben, sondern er ist rauh und nachlässig im Äußern, barfuß und obdachlos, und ohne Decken schläft er auf der bloßen Erde, indem er vor den Türen und auf den Straßen unter freiem Himmel übernachtet, gemäß der Natur seiner Mutter stets der Dürftigkeit Genosse. Von seinem Vater her aber stellt er wiederum dem Schönen und Guten nach, ist mannhaft, verwegen und beharrlich, ein gewaltiger Jäger und unaufhörlicher Ränkeschmied, der stets nach der Wahrheit trachtet und sie sich auch zu erwerben versteht, ein Philosoph sein ganzes Leben hindurch, ein gewaltiger Zauberer, Giftmischer und Sophist.[53]

Er kennt das Wagnis, sich selbst hinzugeben. Er weiß, dass sein Begehren stets von einer Leere durchdrungen sein wird, doch dank dieser Erfahrung befreit er sich von jeder Besessenheit und Idealisierung (in Hinblick auf sich selbst und den anderen). Darum spricht die Liebe die Sprache der Zärtlichkeit und umgekehrt: Beide berühren die verletzlichsten und kühnsten Seiten unseres Seins, jenseits von Projektion und Schein, wenn wir Zuneigung zum anderen empfinden und dabei die Wahrheit seiner wirklichen Situation spüren.

Vor diesem Hintergrund wandelt Lacan das Wort *amour* ab und schreibt es *(a)mur*[54], um eine Mauer aufzuzeigen, das Hindernis, den Mangel, die stets in die Liebe hineinspielen. Die Liebe schenkt uns diesen Mangel, diese Trennung, die erhalten bleiben und nie vollständig behoben werden können. Sie fordert vom anderen nicht etwas, was er hat, sondern verlangt einfach nach Liebe, anders gesagt, sie fordert geliebt zu werden in allem, was man ist. Wir alle begehren danach, auch wer durch die Schule der Härte und Kälte gegangen ist. Die Liebesbegegnung ist hier ganz wörtlich zu verstehen (als Be-gegnung), in dem Sinne, dass zugleich die Hoffnung auf Vereinigung und die Zärtlichkeit für die Unterschiedlichkeit bewahrt werden.

Denn die Illusion, Eins zu werden, anders gesagt der Wunsch, jede Alterität und Trennung zu überwinden, ist die narzisstische Spielart einer Beziehung, die als reine Spiegelung, als gespiegelte Gegenseitigkeit gelebt wird. Hier darf der andere Mensch nicht der Andere sein, sondern muss Derselbe sein, er darf uns seinen Mangel nicht schenken, sondern muss jeden Unterschied verdrängen, so dass die Liebe zur Leidenschaft für ein ideales Selbstbild wird, dem die andere Person lediglich zur Bestätigung und Erweiterung dient. Wenn die Verschmelzung der beiden sich allzu schnell zum Himmel der mystischen Ekstase und symbolischen Einheit erhebt, kann der Absturz allerdings umso schmerzlicher werden, wenn die Glut die Flügel schmelzen lässt.

Freud hat die Hypothese, es gebe eine nichtnarzisstische Liebe, für völlig unrealistisch gehalten und damit jeden humanistischen und altruistischen Ansatz als oberflächliche Illusion in Misskredit gebracht. Im *Unbehagen in der Kultur*, das Freud 1929 zwischen den beiden Weltkriegen und am Vorabend der Weltwirtschaftskrise schrieb, sagte er jedoch, dass nur das christliche Gebot der Nächstenliebe ein Gegenmittel zum menschlichen Niedergang der Zeit darstellen könne und eine wirksame Antwort auf die Gewalt des Krieges und die zugrundeliegenden archaischen Triebe, den Sinnverlust und die zunehmende Verhärtung des westlichen Bewusstseins sein könne. Zwar relativiert er diese Überzeugung sofort, da eine gesellschaftliche Umsetzung des Gebots nicht wahrscheinlich sei. Doch auch wenn Freud (ähnlich wie Adorno) eigentlich nicht daran glaubt, erklärt er dennoch, dass die Liebe in symbolischer Hinsicht die Möglichkeit für Beziehungen überhaupt darstellen könne. Er definiert sie als eine der «Idealforderungen der Kulturgesellschaft»[55], die einzige, die wirklich in der Lage sei, sich der zerstörerischen Macht des Todestriebs in all seinen Ausdrucksformen entgegenzustellen, der menschlichen Aggressivität in all ihren individuellen und kollektiven Formen – auch wenn die Einhaltung dieses Gebots in erster Instanz unmöglich scheint. Es besteht für Freud also das Paradox, dass die Nächstenliebe nicht umsetzbar, aber zugleich notwendig ist. Hinzu kommt, dass in unserer fortgeschrittenen Gesellschaft sich inzwischen eine unbewusste Scham in Bezug auf alles *Wissen* über die Liebe entwickelt hat, so dass derjenige, der das Gebot befolgt, sich offenbar im Nachteil befindet.

Im selben Zeitraum haben viele bekannte Denker – Hannah Arendt, Karl Löwith, Georg Simmel, Rudolf Bultmann, Anders Nygren – das Problem der Liebe und ihrer Krise betrachtet, als handelte es sich um eine kulturelle Frage. Sie widmeten sich ihm mit derselben Leidenschaft und Sorge, mit der sie auch die Krise von Politik und Wissenschaft untersuchten. Wie können wir diese Zusammenhänge heute denken? Wie können wir das Problem der Liebe in Hinblick auf den Sinn von Geschichte und Kultur interpretieren, in einer Zeit, wo der Verschleiß der Liebe zum Verfall von Politik, Religion und Wissenschaft selbst führt, anders gesagt zum Niedergang jeder anderen Form von Zusammenhang und Entschlüsselung des anderen und der Welt. Die Liebe als Gegenmittel zur Härte und Strenge eines entpersonalisierten Handelns und Denkens – ohne Zärtlichkeit, ohne Mitleid – ist ein zutiefst philosophisches und politisches Konzept. «Das Unvermögen, sie zum Sprechen zu bringen und weiterzuentwickeln», sehen Michael Hardt und Antonio Negri als einen wichtigen Grund für die «Schwäche zeitgenössischen Denkens».[56]

Heute können wir dieselbe Frage in Hinblick auf die Zärtlichkeit stellen. Nachdem die Erziehung und Bildung der jungen Generationen jahrzehntelang auf einem pragmatischen Realismus und einem Utilitarismus ohne Ideale basierte, ähneln wir alle ein wenig dem jungen Alexander, der Hauptfigur in Gontscharows Roman *Eine alltägliche Geschichte*. Der junge romantische Träumer, der auf dem idyllischen Land aufgewachsen ist, kommt in die Obhut seines Onkels Pjotr Adujew in Sankt Petersburg, eines erfolgreichen rationalen Mannes. Er soll den Jungen zu einem Individuum machen, das seiner Zeit angepasst ist. Heute sind auch wir, wie Alexander, in der entzauberten Welt angekommen. Wir leben mit unseren Ernüchterungen und flehen mehr oder weniger unbewusst nach etwas Heiligem. Wir rufen nach etwas mehr Zärtlichkeit. Die Krise, die inzwischen ein Grundzustand und keine Ausnahmesituation mehr ist, hat gezeigt, dass die listreichen Strategien der Vernunft keine stärkeren Menschen hervorbringen (wie hingegen Pjotr Adujew glaubte).

Das Projekt einer Gefühlsbildung der Menschheit, das bereits in der Romantik begonnen, aber nicht vollendet wurde, bekam nach Auschwitz mit Sicherheit eine andere Dramatik und Dringlichkeit. Über siebzig Jahre später, in dem Erschöpfungszustand und symbolischen Elend, in dem wir heute leben, wo man nicht mehr das

Unbehagen in der Kultur, sondern die Zivilisation selbst als Unbehagen wahrnimmt, taucht das Problem in all seiner Brisanz und Dringlichkeit wieder auf. Was wir am nötigsten brauchen, ist eine «Revolution der zärtlichen Liebe», denn ganze Generationen warten darauf, und uns bleibt nur wenig Zeit.

7

Eine Landkarte möglicher Gefühle

Ein Klima der Härte, Kälte und Strenge schafft effiziente Apparate und Programme für die maximale Optimierung von Ressourcen. Es entsteht eine perfekte rationale Organisation von Raum und Zeit, verbunden mit extrem schnellen Formen der Kommunikation. Doch dies garantiert keine menschenwürdige Situation für die Beteiligten und auch keinen gemeinsamen Horizont, in dem man einen Sinn fürs Leben und für das Zusammenleben finden könnte.

Die jüngeren Generationen erleben hautnah die Kluft zwischen Zweckrationalität (die allerdings heute den meisten keinen Nutzen bringt) und symbolischer Verantwortung, die in dieser Rationalität so gut wie systematisch annulliert wird. Die Wegscheide nimmt der Einzelne im Innersten wahr, auch wenn er dies oft nicht zum Ausdruck bringt. Durch die Überproduktion von Sprachen und Kommunikationsstrategien, die der Werbung und dem Marketing der Dinge und Informationen dienen, verflacht das Vokabular des Gefühlsspektrums immer mehr. Es verarmt also jene Sprache, die in der Lage ist, Träume auszusprechen, vom Scheitern zu erzählen und Konflikte zu verarbeiten, damit sich diese nicht unmittelbar in Taten (und Gewalttaten) verwandeln. Wittgenstein schreibt: «Die Grenzen meiner Sprache bedeuten die Grenzen meiner Welt». In diesem Sinne spiegelt eine an Gefühlen und Resonanzen arme Sprache eine abgeschottete Welt wider, die in kurzer Zeit droht, unempfindlich zu werden. Auch wenn man mit dem Wort nicht das Ding ausdrücken kann, so verhindert das Benennen der Kräfte zumindest, dass diese zu reinen Instinkten verkommen. Vielmehr befördert es deren Verwandlung in konstruktive Energien, die man der Welt zur Verfügung stellt.

Die Schwierigkeit, sein innerstes Gefühlsleben zu verstehen und zu offenbaren, wird vor allem beim Mann deutlich. Ständig lauert in ihm die unbewusste Angst, als unmännlich zu gelten und seine Vormachtstellung als Mann zu verlieren, was zerstörerische Dynamiken der Aggressivität und übertriebene Verteidigungsmechanismen generiert. Viele Männer sind für die Sprache der Zärtlichkeit und deren Wirkung unzugänglich. Ihnen bleibt nur die Sprache der physischen oder psychologischen Gewalt, eine übergriffige und beherrschende Sprache (also die völlige Abwesenheit von zärtlichem Verhalten). Diese Haltung richtet sich gegen die anderen

Männer, vor allem aber gegen die Frauen, die eigentlich die Ersten wären, denen Zärtlichkeit zuteilwerden sollte. Doch die Tendenz zur Gewalt betrifft letztlich alle. Denn der kollektive Druck, stark sein zu müssen und nie um etwas zu bitten, dringt ins Innerste. Dieser Druck ist jedoch früher oder später nicht mehr zu bewältigen und wird unerträglich, denn er ist für Männer (und Frauen) unnatürlich. In unserer gemeinsamen Verletzlichkeit bedürfen wir alle der Zärtlichkeit. Auch die Männer haben ein tiefes Bedürfnis danach, doch wagen sie nicht, es zu sagen, oder sie können es nicht. Darum wenden sie sich gewaltsam gegen Frauen; es ist eine Reaktion auf ein unmöglich einzuhaltendes Gebot (immer jung und stark zu sein) sowie auf ein enttäuschtes Bedürfnis (um Zärtlichkeit zu bitten und Zärtlichkeit zu geben).

Es bedarf also vor allem einer Sprache, die fähig ist, den Seelenregungen in all ihren Facetten zwischen Hochgefühlen und Niedergeschlagenheit Raum zu geben. So können sie eine persönliche Form annehmen, sich Schicht um Schicht setzen, bis allmählich eine Geschichte daraus wird. Doch auch die Sprache erlebt zwischenzeitlich eine außerordentliche Müdigkeit und wartet darauf, dass das neue globale Panorama des Zusammenlebens zwischen Flüchtlingsbewegungen und Hoffnungen eine neue Ausdrucksform und eine kreativere Kommunikation zwischen Menschen schafft, die verbinden, statt zu zersetzen. Heute fehlen uns noch die Worte für eine gemeinsame Welt, denn es fehlt ein

Wortschatz, der der Macht der Gefühle gewachsen ist. Kräfte müssen Formen finden. Auch wenn (glücklicherweise) keine Form – sei es Sprache, Bildung, Kultur, Kunst, Wissenschaft, Recht, Politik oder Liebe – jemals die riesige, ambivalente Fülle der Lebenskräfte erschöpfend zum Ausdruck bringt – ohne Form zerstreut sich die Kraft oder degeneriert zu Gewalt. Wenn sie keine Sprache findet, wird sie auch keine Erzählung, sondern löst sich melancholisch im Enthusiasmus eines Moments auf oder in einer schockierenden Tat. Man müsste regelrechte Landkarten erstellen, mit deren Hilfe wir uns zumindest in der überbordenden und unbeherrschbaren Welt der möglichen Gefühle und Affekte orientieren können.

Hier kann uns weder ein Roman weiterhelfen noch eine Gedichtsammlung und ebenso wenig ein psychopädagogischer Ratgeber für verkümmerte Herzen. Vielmehr ein Buch für mutige Geister, ein schwieriger Text, der aus Axiomen und Theoremen besteht, der aber, wenn man ihn aufmerksam liest, wertvolle Hinweise geben kann, die uns helfen, ein Bewusstsein für das Geheimnis unseres Gefühlslebens zu entwickeln. In seiner *Ethik* unternimmt Baruch de Spinoza eine außergewöhnliche Analyse der vielfältigen Variationen unserer Gefühle und zeigt, dass es bestimmte Gefühlszustände gibt, die unsere Vitalität steigern, und andere, die sie hemmen und uns daran hindern, ein freies Leben zu führen. Es gibt Ideen, Welten und Menschen, die uns froh stimmen und unser Gefühlspotential erweitern, andere, die es einengen, uns traurig machen, so dass wir uns in dunkle Einsamkeit zurückziehen. Es gibt zärtliche Gesten, die uns zu dem erwecken, wie wir gemeint sind. Sie geben uns die Kraft, plötzlich den Kopf zu heben, und verändern so die Perspektive unserer Gedanken und Begegnungen. Es gibt Nahrung oder Ideen, die unsere Vitalität steigern, und andere, die sie unterdrücken – es ist ein ständiges Auf und Ab, das dem individuellen und kollektiven Gefühls- und Geistesleben einen Rhythmus verleiht. Denn jeder Einzelne von uns erlebt eine fortwährende Variation von Zuständen und Gefühlen, die zu Antriebskräften des Verstehens werden können, zu Sprungbrettern für mutige Taten oder zu Fesseln aus traurigen Gedanken, die jede Entscheidung hemmen.

Auf der Partitur der Gefühle sieht Spinoza zwei Hauptstimmungen, Freude und Traurigkeit. Sie sind die beiden Vektoren der Gefühlsvariation, die eine erhöht die Vitalität, die andere verringert sie. Wenn ich von Traurigkeit affiziert bin, habe ich keinen Zugang zu meinem Tätigkeitsvermögen. Wenn ich mich hingegen freue, fühle ich mich aufs innigste damit verbunden und bin motiviert, neue emotionale Bindungen zu schaffen.

Das Problem ist – so Gilles Deleuze, ein großer Interpret von Spinozas Werk –, dass wir noch nicht wissen, wie unsere Gefühle funktionieren. Wir erforschen ihre Ursachen nicht und können deshalb die Wirkung nicht verstehen. So leben wir in der Verworrenheit eines Lebens, das wir dem Zufall überlassen, in dem wir inadäquaten Ideen folgen und so allzu leicht melancholisch und traurig weren. Deleuze sagt in seinen Vorlesungen über Spinoza:

> Betrachten wir einmal, wie es ist, durch Traurigkeit affiziert zu sein. Ich glaube, dann ist man am Ende, es gibt keinen Ausweg ... Aus einem einfachen Grund, und zwar, weil die Beziehungen des Körpers, der euch mit Traurigkeit affiziert, nicht mit den Beziehungen eures Körpers zusammenpassen. Spinoza will damit etwas sehr Einfaches sagen, nämlich, dass Traurigkeit nicht intelligent macht. Bei Traurigkeit ist man erledigt. Darum brauchen Machthaber traurige Untertanen. Angst hat noch nie zu Kultur, Intelligenz oder Lebendigkeit beigetragen. Ihr habt so lange traurige Affekte, wie ein Körper oder eine Seele, die nicht mit euch zusammenpassen, auf euren Körper, eure Seele einwirken.[57]

Bei den unzähligen zufälligen Verbindungen in unseren alltäglichen Begegnungen sollten wir also darauf achten, jenen Ereignissen mehr Raum zu geben, die zusammenführen statt zu zersetzen. Es gilt, fröhliche Übereinstimmung zu fördern und Vorkehrungen zu treffen, dass wir nicht in die Sackgassen zwangsläufiger Traurigkeiten geraten, die sich in einem tödlichen Kreislauf selbst reproduzieren.

Die Klassifikation der Affekte hat für Spinoza zutiefst moralische und politische Implikationen. Warum brauchen Machthaber traurige Menschen um sich? Warum bevorzugen sie die Abschottung und nicht die Öffnung? Die traurigen Gefühle und die Ordnung eines Regimes bilden eine notwendige Einheit. Die Erzeugung von Depression ist ein entscheidender Faktor für die Ausübung von Macht. Darum ist es für den Einzelnen und für die Gesellschaft lebenswichtig zu wissen, welch wesentliche Zusammenhänge sich in einem Körper verbergen und dass der Körper die Fähigkeit besitzt, affiziert zu werden. Was kann ein Körper? Was macht uns lebendig, was entzieht uns Lebendigkeit? Was nährt uns wirklich? Was bringt uns langsam zum Erlöschen? Kein Ding ist neutral. Jede Begegnung kann unsere Liebe zum Leben steigern, so wie jede Begegnung sie auch zerstören und uns immer mehr von dem trennen kann, was uns am Leben erhält.

> Wir schwatzen über Seele und Geist und wir wissen nicht, was ein Körper kann. Nun, ein Körper muss definiert werden durch die Gesamtheit der Beziehungen, aus denen er besteht, oder, was auf dasselbe hinausläuft, durch sein Vermögen, affiziert zu werden. Und solange ihr nicht wisst, welche Fähigkeit, affiziert zu werden, ein Körper hat, solange ihr das einfach so bei zufälligen Begegnungen erfahrt, solange wird euer Leben nicht weise sein, werdet ihr keine Weisheit erlangen.[58]

Die Freude steigert unser Tätigkeitsvermögen, denn sie entsteht durch eine gute Begegnung mit etwas, das sich mit unserem Körper und unserer Innenwelt zusammenführen lässt. Es geschieht ein verbindendes Ereignis – es bilden sich gemeinsame Begriffe und Ideen –, und man fühlt sich klüger. Unsere Erfahrungen im Leben bestehen aus guten, offenherzigen Begegnungen sowie schlechten, polarisierenden und zersetzenden.

Diese «Mikrophysik» der Affekte ist Spinoza zufolge notwendig, um ein weises Leben zu führen, anders gesagt ein Leben, in dem die Traurigkeit von der Freude besiegt wird und die einenden Kräfte stärker sind als die spaltenden. Sonst stehen die Leidenschaften zwischen uns, und wir sind ihren ständigen Veränderungen unterworfen. Wenn wir von den eigenen Gefühlen abgeschnitten sind, werden sie von äußeren Dingen und Begegnungen bestimmt, ohne dass wir irgendeine Kontrolle darüber haben.

Darum ist es wichtig, sich des Wassers bewusst zu werden, in dem wir schwimmen, in all seinen möglichen Formationen und Variationen, so dass wir das kontinuierliche Auf und Ab der Wellen wahrnehmen und uns nicht nur in seinen unzähligen Strömungen treiben lassen. Rinnsale fließen in einem Becken zusammen, wo sich eine politische Gemeinschaft bilden kann, die es jedoch Tag für Tag aufzubauen gilt in diesem ozeanischen Zusammenspiel aus sensiblen Körpern und Geistern, die gegenseitige Berührungspunkte herausbilden. Mit diesem Wissen können wir in der politischen Gemeinschaft aktive und freudvolle Kreisläufe des Teilens und Anteilnehmens bilden, in denen sich die verschiedenen Strömungen erweitern und wie die Zuflüsse eines unerschöpflichen Stroms in Sozialisation und Humanisierung münden. Jedes Subjekt findet Freude, indem es seine Beziehungsfähigkeit einbringt und Früchte tragen lässt und dabei eine immer besser abgestimmte Fähigkeit zur Begegnung und Aufnahme entwickelt.

> Die Affekte der Freude sind wie Sprungbretter, sie tragen euch mit Schwung über etwas hinweg, das ihr nie überwunden hättet, wenn es nur Traurigkeit gegeben hätte. Sie regen uns dazu an, eine Idee davon zu entwickeln, was den affizierenden und den affizierten Körpern gemein ist. Das kann scheitern, aber es kann auch gelingen und ich werde intelligenter. Es gibt Leute, die werden besser in Latein, wenn sie verliebt sind … das haben wir hier in den Seminaren gesehen. Womit hängt das zusammen? Wie macht man Fortschritte? Fortschritte verlaufen nie linear. Irgendetwas hier hat uns dort unten ein paar Schritte weiter gebracht, als hätte eine kleine Freude dort einen Klick ausgelöst. Wieder brauchen wir eine Karte zur Orientierung: Was ist dort passiert, dass sich hier etwas gelöst hat? Eine kleine Freude katapultiert uns in eine Welt konkreter Ideen, die die traurigen Affekte weggefegt hat oder weiter bekämpft.[59]

Aus der Freude entsteht eine immer stärkere Intensität des Lebens, die ein immer dichteres Netz gesellschaftlicher Wirkungen entfaltet, das Ideen in Fluss bringen und Ereignisse im vielfältigen Gewebe des Zusammenlebens anstoßen kann. Die Liebe ist beispielsweise der Weg, um aus sich selbst herauszugehen und zu beginnen, die Welt zu verstehen, wie ein Impuls zu einer tieferen Bindung mit der Wirklichkeit. Liebe ist weniger eine Leidenschaft als vielmehr ein Affekt, wie Spinoza sagt: Sie ist keine Erfahrung, die man erleidet, sondern ein Akt der Erkenntnis. Sie ist eine Art, die Welt wahrzunehmen und zu sehen, die zum reinen Ausdruck der Freude über die Gegenwart eines anderen wird: «Liebe ist Freude unter Begleitung der Idee einer äußeren Ursache»,[60] also des Gegenstands der Liebe. Das bedeutet, dass die Liebe uns Leben schenkt, uns aktiver macht und sensibler für die Welt sowie für die Gegenwart eines anderen. Narzisstische Verliebtheit achtet nicht sonderlich auf die äußere Ursache, sondern benutzt sie lediglich als Projektionsfläche der eigenen Phantastereien. In der Liebe hingegen ist der andere tatsächlich außerhalb von uns: Er ist weder das Phantasma unseres idealisierten Ich noch die andere Seite einer symbiotischen Einheit, sondern eine Welt für sich, die unsere Affekte mobilisieren und uns große Freude schenken kann. Gerade die Wahrnehmung und Akzeptanz der Distanz und des Unterschieds, der uns vom anderen trennt, von der äußeren Ursache, *ist Zeichen für die Realität und Wahrheit der*

Liebe, in der man die Unzugänglichkeit des anderen versteht, ohne verleitet zu sein, diese zu verletzen oder auszulöschen.

Es entsteht eine erzeugende Dynamik, die den Begegnungen zwischen Subjekten und ihrem Austausch eine physische Dimension verleiht. Das gegenseitige «Berühren», Weichwerden, Zärtlichkeit empfinden, ist eine gegenseitige Sinngebung, bei der jeder seine Spur auf dem Körper und der Seele des anderen hinterlässt. Gerade dieses soziale Empfindungsvermögen, diese Osmose von Gefühlen, die bei jeder Begegnung und Berührung wie ein Molekülstrom von einem Körper zum anderen fließen, hilft uns, eine gemeinsame Welt zu erschaffen. Jeder Mensch bestimmt durch seine Fähigkeit, Zuneigung zu fassen und Zuneigung zu wecken, die möglichen Bahnen, auf denen sich im Geflecht seiner unendlichen Lebensbeziehungen Sinn materialisieren wird.

Wir kommen in der Sprache der ursprünglichen Zärtlichkeit zur Welt, und so können wir auch nur dank der Sprache der alltäglichen Zärtlichkeit in der Welt leben und sie menschlich gestalten. Neben dem Unterricht, der immer mehr auf kognitive Techniken wie Mind Maps setzt, muss eine Bildung gefördert werden, die Landkarten der Gefühle entwirft, die der Gefühlswelt der aufwachsenden Generationen eine Orientierung geben und Triebe in Begehren verwandeln können.

Das Wichtigste ist heute die lustvolle Fähigkeit zum kollektiven Aufbau, damit eine Politik des Gemeinsinns entstehen kann. Denn Politik ist vor allem die Schaffung von Sinn, nicht einfach von Konsens. Es ist der Sinn, der uns erleichtert aufatmen lässt, ein Fenster aufreißt, neue Möglichkeiten im Status quo entdecken lässt. Die Alternative sind Stagnation und emotionale Abschottung als Schlüsselelemente von Machtdispositiven und autoritären Regimes. Solche Formen der Macht verachten jegliche Form der Zärtlichkeit und setzen Kontrollmechanismen ein, die die Trennung der Subjekte und die Hemmung des freien und kritischen Austauschs der Gefühle anstreben. Echte demokratische Kämpfe sind daher Kräfte, die das Soziale aufbauen, unablässig Zusammenhänge weben, die Stagnation in Fluss bringen, so dass im harten Panzer geschlossener Machtstrukturen Risse entstehen. In diesem Prozess lassen sich neue Möglichkeiten von Annäherungen, Zuneigungen und kollektiven Bahnen entdecken. Nur so können die Körper wieder neue Fähigkeiten der Wahrnehmung und neue Lebenskräfte entwickeln, um auf diese Weise jeglichem Regime der Unterdrückung zu entrinnen.

Darum bedeutet Sterben für Spinoza, ein Körper habe «keine ausgedehnten Teile mehr, es gibt keine äußeren zusammengesetzten Körper, die noch zu mir gehören würden … Offensichtlich ist Sterben für ihn der Inbegriff, ja beinahe der Gipfel des inadäquaten Lebens».[61] Der Tod ist das Sinnbild des inadäquaten Lebens, eines Lebens, das seine Beziehungsfähigkeit verliert, sich der äußeren Welt unterworfen fühlt und unfähig ist, am Austausch von Gefühlen teilzunehmen. Sterben ist demnach, als würde man jeglichen Kontakt verlieren, passiv ein Leben erleiden, das sich wie ein fremder Körper anfühlt, dessen verschiedene Teile keine Einheit finden, weder in sich selbst noch mit anderen. Sterben heißt, auf der Oberfläche des Meeres zu treiben und mit dem Auf und Ab der Wellen allmählich abzudriften.

Auch Gefühle kann man lernen, ebenso kann die Wahrnehmung feinfühliger werden. Darum braucht es eine Karte zur Orientierung. Nicht nur, um denken zu lernen, sondern, um fühlen zu lernen – auch wenn diese Unterscheidung seit den Anfängen der abendländischen Philosophie keine große Rolle zu spielen scheint, so dass Platon im *Symposion* sogar erzählt, Eros sei ein Philosoph. David Foster Wallace hat gezeigt, dass die grundlegende Aufgabe unserer Kultur und insbesondere der humanistischen Kultur genau darin bestehen sollte, uns in einfachen Situationen des Alltagslebens bewusst zu machen, dass wir frei sind, unsere im Wesentlichen selbstzentrierte Standardeinstellung gegenüber anderen und der Welt zu verändern. Das bedeutet, die hirnlastige Einstellung zu deaktivieren, die es für legitim hält, sich in Abstraktionen zu verlieren,

> statt auf das zu achten, was sich vor [unserer] Nase abspielt. Statt auf das zu achten, was sich *in* [uns] abspielt. Wie Sie alle garantiert längst wissen, ist es äußerst schwer, geistig rege und aufmerksam zu bleiben

> und sich von dem ständigen Monolog im eigenen Kopf nicht einlullen zu lassen. Sie wissen aber noch nicht, was bei diesem Kampf alles auf dem Spiel steht.[62]

Das impliziert notwendigerweise eine Herzensbildung für unsere Wahrnehmung und unser Verhalten, die jeden befähigt, sensibler für die jeweilige Situation zu werden. Aus einer ähnlichen Perspektive plädiert der Theologe Johann Baptist Metz für eine «Mystik der offenen Augen», mit anderen Worten für eine Haltung, die nicht in einer ekstatischen Spiritualität und einer Religiosität der Innerlichkeit besteht, sondern in einer grundlegenden Aufmerksamkeit für die Welt und die realen Geschichten der einzelnen Menschen, für ein menschliches Erwachen, was die Mühen des Zusammenlebens angeht. Im Sinne einer solchen Mystik, die das «Antlitz» sucht, appelliert Metz insbesondere an die Sprache der *Compassion*, die die Augen vor den Geschichten des Schmerzes in der Welt nicht verschließt, sowohl in der Vergangenheit als auch in der Gegenwart. Sein Vorschlag für eine konkrete und verantwortliche Spiritualität verschanzt sich nicht im heiligen Ort des Tempels, sondern richtet sich an die urbanen Räume der globalisierten Welt. Er kritisiert die Atmosphäre der Unempfindlichkeit des heutigen Lebens und ruft zu einer neuen Nähe auf, zu einer neuen Fähigkeit, den Schrei des anderen zu hören. Nicht vages «Mitgefühl» will er fördern, sondern eine «Mitleidenschaft, als teilnehmende, als verpflichtende Wahrnehmung fremden Leids», die die Bereitschaft zu einem Blickwechsel verlangt:

> zu jenem Blickwechsel, zu dem die biblischen Traditionen und insbesondere auch die Jesusgeschichten die Menschheit eingeladen haben, dazu nämlich, uns selbst immer auch mit den Augen der anderen, vorweg der leidenden und bedrohten anderen anzuschauen und einzuschätzen und diesem Blick wenigstens um ein Geringes länger standzuhalten, als es die spontanen Reflexe unserer Selbstbehauptung erlauben mögen.[63]

Im dissonanten Klima der heutigen Gesellschaft, wo tagtäglich globale Dispositive der Verwirrung und Zerstreuung am Werk sind, scheinen die jungen Generationen die Fähigkeit zum Schreien verloren zu haben – eine Fähigkeit, in der Metz die authentischste Möglichkeit für die Erfahrung der Sinnfrage und nicht zuletzt der Anrufung Gottes sieht.

Es braucht dringend eine postromantische Erziehung der Sensibilität und der Gefühle, um diese aus ihrem lethargischen Zustand und ihrer ewigen Müdigkeit herauszuholen. In einer Generation, die der starken Versuchung von Resignation und Betäubung unterliegt, gilt es, eine neue und starke Leidenschaft für den Wiederaufbau menschlicher Gemeinschaften zu entfachen. Für dieses Zusammenspiel müssen sich überall in der Stadt soziale Netzwerke verbreiten, die einen tieferen und dauerhafteren Sinn haben als die Netzwerke der Social Media.

Hier kommt die Frage ins Spiel, mit welchen Kriterien wir eine Epoche nicht nur hinsichtlich ihrer außerordentlichen Errungenschaften auf allen Gebieten bewerten können, sondern auch hinsichtlich ihrer Fähigkeit, eine echte menschliche Dimension des Zusammenlebens zu fördern und wertzuschätzen, quasi aus der Perspektive des Jüngsten Gerichts. Natürlich verfügt niemand über ein solches Kriterium, doch es gibt Menschen, die die Dringlichkeit wahrnehmen, in ihrem Denken und in ihren Kämpfen für Lebensbedingungen einzutreten, die für alle zumindest erträglich sein sollten. Der Theologe Romano Guardini hat von einem Kriterium gesprochen, das etwas mit der Wegscheide zu tun haben könnte, vor der die Jugendlichen heute stehen: «Der Maßstab, an welchem eine Zeit allein gerecht gemessen werden kann, ist die Frage, wie weit in ihr, nach ihrer Eigenart und Möglichkeit, die Fülle der menschlichen Existenz sich entfaltet und zu echter Sinngebung gelangt».[64] Es ist sicher unmöglich, den Sinn dieser Fülle eindeutig zu bestimmen, doch ist es notwendig, seine Grenzen negativ zu bestimmen. So ist es undenkbar, dass er im Ideal der Kälte besteht, wie die Tragödie von Auschwitz gezeigt hat. Ebenfalls ausgeschlossen ist es, jene heute erhoffte Qualität der menschlichen Existenz in den komplexen Mechanismen der Leistungsgesellschaft zu finden – einer Gesellschaft, deren Nervosität und Müdigkeit Nebenwirkungen der grundlegenden Unmöglichkeit sind, im eigenen Tun und Arbeiten einen Sinn zu entdecken. Sinn und Fülle des menschlichen Lebens haben nichts mit der Unempfindlichkeit und Distanziertheit der Großstadtmenschen in den von Stimmen, Nachrichten und Ereignissen verstopften Metropolen zu tun, die so übersättigt sind mit Welten, dass allmählich Sinn und Besinnung schwinden; das ist nicht die Fülle, die wir hegen und pflegen wollen.

Um sie positiv zu bestimmen, überlassen wir vorerst das Wort der Poesie:

> Möge die Kluft sich schließen
> die Dein Fühlen trennt vom Tun
> und das Erwartete und Erforschte
> vom Wenigen, was du weißt.[65]

8

Heilsame Müdigkeit

Vielleicht ist es kein Zufall, dass der Autor des Essays *Müdigkeitsgesellschaft* später ein Buch über *Die Agonie des Eros* geschrieben hat. Die Abschwächung der Gefühle bei ihrer gleichzeitigen Verherrlichung oder Zurschaustellung in den Medien zum reinen Selbstzweck, ohne Bindungen und ohne symbolischen Mehrwert, beraubt die Menschen jeder Energie. Die Effizienzgesellschaft betäubt die befreiende Sprengkraft des Eros; auch er ist inzwischen dem Leistungsdruck unterworfen und wird als Kapital betrachtet, das lediglich vermehrt werden muss. Zugleich wird die Libido vor allem in das eigene, individuelle Potential investiert, so dass die Erfahrung des Anderen, die ja das grundlegende Wesen des Eros ist, sich in ein mehr oder weniger unbewusstes Benutzen des anderen als Spiegel des Ich verwandelt. «Wir haben aber dadurch nicht mehr am Anderen, sondern wir bringen ihn vielmehr zum Verschwinden», schreibt Byung-Chul Han.[66] Das Ideal der Selbstoptimierung lässt keinen Raum für das echte Erleben von Bindung, so dass auch die erotische Erfahrung zu einer Quelle der Erschöpfung und Selbstausbeutung wird, wo es keine Alterität und damit kein Erkennen gibt.

Seine Diagnose der anthropologischen Konsequenzen der (Dis-)Funktionen der spätkapitalistischen globalen Gesellschaft sowie ihres maßlosen Neoliberalismus macht uns jedoch nicht orientierungslos, sondern lässt mögliche Erfahrungen der Befreiung anklingen. Han hält es mit Handke, der in der Eröffnung seines Essays *Versuch über die Müdigkeit* schreibt: «Früher kannte ich nur Müdigkeiten zum Fürchten». Damit ist angedeutet, dass es auch andere Möglichkeiten der Müdigkeit gibt und dass nicht alle zum Fürchten sind.

Tatsächlich gibt es eine gute Müdigkeit, die zu unerwarteten Einsichten führen kann. Anknüpfend an Handke meint Han, dass es auch eine heilende Müdigkeit geben kann. Es «ist jene Müdigkeit, die nicht von einer hemmungslosen Aufrüstung, sondern von einer *freundlichen Abrüstung des Ich* herrührt».[67] Es handelt sich um eine besondere Form der Zurückhaltung oder um eine negative Potenz, die das Subjekt seinen beklemmenden Leistungserwartungen entzieht. Die Müdigkeit relativiert den Willen zum Kontrollieren und Agieren, indem sie einen heilsamen Raum des Zögerns und der Liebenswürdigkeit öffnet. Handke bezeichnet diese Müdigkeit als «fundamentale Müdigkeit», die aus einer sanften Befreiung von den Ansprüchen des Selbst entsteht und eine besondere Art der Hingabe und des Erwachens für die Welt ermöglicht. Während die individualistische Müdigkeit einsam, entnervend und unduldsam gegenüber der umgebenden Realität ist, begibt sich die fundamentale Müdigkeit hingegen in eine Hingabe an die Welt im Namen eines Ideals der Gemeinschaft mit den anderen. Das ist nicht mehr die Müdigkeit des Ich, sondern die Müdigkeit des Wir. Erstere macht uns streitsüchtig, sie atomisiert uns, isoliert uns von den anderen und lässt uns einfach bleischwer in uns selbst versinken. Sie ist wie ein Loch aus traurigen Leidenschaften, das nur noch weitere Traurigkeiten anzieht. Die andere Müdigkeit hingegen verbindet uns, sie neigt uns dem anderen zu – wie ein *clinamen* – und lässt uns so in der Gemeinsamkeit ein wenig ausruhen.

In einem Erinnerungsstrom kehrt Handke in seine Kindheit zurück und ruft sich die gute Müdigkeit der Arbeiter ins Gedächtnis, die sich nach einem Arbeitstag am Wegrand ausruhen und die Müdigkeit jeweils in den Augen des anderen erblicken. Handke notiert, es war «eine heilige Zeit», in der aus der Müdigkeit quasi ein Raum für neue Menschlichkeit entstand, die sich der eigenen Erschöpfung und geistigen Ermattung annimmt und sich damit versöhnt. Es handelt sich nicht um Schlaflosigkeit oder eine durch Sprachlosigkeit verursachte Einsamkeit, vielmehr ist es jene sanfte Ermattung, die auf eine Anstrengung folgt, oder die Wahrnehmung einer positiven Leere am Ende einer intensiven mentalen Konzentration oder eine verschwommen empfundene Euphorie, nachdem man einen Schmerz gut verwunden hat oder dieses Gefühl intensiver Hingabe, das ein Paar in ein erotisches Universum verwandelt, das alle Abwehrmechanismen fallen lässt. Es ist ein ganz anderes Gefühl als die lähmende und zermürbende Erschöpfung derer, die unter nervlicher Anstrengung leiden und keinen Trost finden. Es ist vielmehr die Mühe der Arbeit von Bauern beim Korndreschen oder der Zimmerleute, die ein Dach bauen. Aber es ist auch die erschöpfte Müdigkeit nach Abschluss eines gemeinsam verwirklichten Projektes oder die Erschöpfung am Ende eines Werkes, dem man ein Stück seiner Seele anvertraut hat. Die Müdigkeit der körperlichen Arbeit, die liebevolle Müdigkeit, die kontemplative Müdigkeit können auf wundersame Weise eine neue Sichtweise auf die Welt eröffnen, die uns die Dinge als das erkennen lässt, was sie sind. Sie ermöglicht einen anderen Zugang zur Realität, der nur durch eine neue Aufmerksamkeit und eine neue Wahrnehmung von Dingen und Menschen entstehen kann, wodurch sich auch die Müdigkeiten verwandeln. Statt lästig zu sein, werden sie zu Freunden, zu Begleitern des Lebens. Jeder betrachtet in den Augen des anderen die eigene Müdigkeit und findet darin Erholung. Es ist das Erschöpftsein am Ende des Tages, zwischen Tag und Nacht, das weder der Hektik der Arbeit angehört noch dem Warten auf den Schlaf. Es ist das, was beim Übergang dazwischen geschieht, gegen Abend, wenn eine Insel der Bedeutung zwischen der Fülle und der Leere der Stunden aufscheint, zwischen dem regen Draußen und dem Drinnen der ruhigen Wohnung. Die Formen und Farben verschwimmen und scheinen sich aufzulösen, als wären sie von einer plötzlichen Zärtlichkeit erfüllt, wie sie für Schlussmomente typisch ist.

Das gemeinsame Teilen der Mühe – einer Mühe, die ihre Spuren auf der Erde, im Holz, im Eisen, auf dem Papier oder im Netz hinterlässt – wird zu einer geteilten Müdigkeit, wie ein gemeinsames Feld, in dem die Grenzen zwischen einem selbst und dem anderen porös werden und man auf sanfte Weise durchlässig wird für die Gegenwart des anderen: «Und das Relative zeigt sich im müden Blick absolut, und der Teil als das Ganze».[68] Die Müdigkeit beschränkt den Wunsch nach Selbstbestätigung aufs rechte Maß, relativiert die Bedeutung des Ich, indem es eine neue Wahrnehmung der Dinge ermöglicht.

> Die zwei Kinder da unter meinen müden Augen, das bin jetzt ich. ... und nichts ist wertvoller als das andre – der Regen, der dem Müden auf den Puls fällt, ist gleich wert wie der Anblick der Gehenden jenseits des Flusses –, und es ist so gut wie schön, und es gehört sich so, und so soll es auch weiter sein, und es ist, vor allem, wahr.[69]

In solch einem traumsicheren und entspannten Zustand erscheint die Welt als das, was sie wirklich ist, und wir können sie auf totale Weise akzeptieren. Wenn man müde ist, kann man die Wahrheit der Dinge und der Menschen ohne die gewohnten Filter erahnen. Handke spricht von einer «kläräugigen Müdigkeit» oder einer «guten Müdigkeit», die «machte, dass die tausend unzusammenhängenden Abläufe kreuz und quer vor mir sich ordneten über die Form hinaus zu einer Folge ...; alles friedliche Geschehen war zugleich schon Erzählung, und diese ... gliederte sich in meinen müden Augen von selber zum Epos».[70] Es ist dieser Zustand, in dem wir uns dem Stand der Dinge mit weniger erschöpftem Sinn hingeben können, mit einer neuen Fähigkeit zu schauen und zu erzählen. Darum gibt es auch eine kreative Müdigkeit, in der die Dinge sich wie durch ein Wunder plötzlich auf neue Weise ordnen und neue Bahnen zeichnen und neue reale oder imaginäre Bindungen eingehen. Das Begreifen weicht einem eigentümlichen Staunen, wo jedes Wort und jede Geste einzigartig wird. So «erzählt die Welt, unter Schweigen, vollkommen wortlos, sich selber, mir wie dem grauhaarigen Zuschauernachbarn da und dem vorbeiwippenden Prachtweib dort; alles friedliche Geschehen war zugleich schon Erzählung».[71]

Unter dem Blick dieser ruhigen, erschöpften, aber versöhnlichen Müdigkeit erscheint nichts für sich allein, sondern stets als Teil einer ganzen Welt. Musil würde es «taghelle Mystik» nennen, wo die Dinge sich zeigen, wie sie sind, unberührt durch den Blick, wie gerade eben erschaffen. Und wo die Tätigkeit der Vernunft bis an den Punkt getrieben wird, wo sie jede Härte und Strenge verliert, um sich der Wahrnehmung einer innereren, subtileren Wahrheit zu öffnen, die es liebevoll und zärtlich zu empfangen und zu betrachten gilt. In seinem intensiven Dialog mit der geliebten Zwillingsschwester Agathe bekräftigt Ulrich im *Mann ohne Eigenschaften*:

> Etwas von dieser Mystik ist auch in der Nächstenliebe; alle fühlen es und gehorchen ihr, ohne sie zu verstehen. Und vielleicht enthält jede große Liebe etwas Mystisches, vielleicht sogar schon jede große Leidenschaft. Vielleicht ist sogar im gemäßigten Leben in allen uns tief öffnenden Augenblicken die Anteilnahme an Menschen und Dingen eine mystische und etwas anderes als eine wirkliche![72]

Durch eine derart intensive Anteilnahme am Leben werden die Dinge und Menschen wieder zu dem, wie sie gemeint sind, als würden sie für die unnützen und endlosen Maskierungen, Entfremdungen und Erschöpfungen entschädigt, denen sie sich freiwillig oder unfreiwillig in ihrer realen Existenz unterwerfen. Daher begeben sich die beiden Geschwister auf einen «mystischen» Weg, bei dem sie keineswegs die Realität verlassen und zunehmend jeglicher Körperlichkeit enthoben sind. Vielmehr ist es die Überwindung aller Entfremdung von der Welt dank einer neuen, wiedergefundenen Vertrautheit mit den Dingen. In einem solchen Zustand nimmt alles eine Aura des Geheimnisvollen an: Die Dinge scheinen von einer sehr menschlichen Sensibilität und Sinnlichkeit umgeben, wie erleuchtet von «Mondstrahlen bei Tage», als wären sie sozusagen umrandet von einer Aureole der Zärtlichkeit, die sie in ihrer ganzen Vorläufigkeit und Schönheit zeigt. Handke würde sagen, dass dies meist unerwartet in jenen Augenblicken fundamentaler Müdigkeit geschieht, wo die Grenzen zwischen den Menschen und den Dingen durchlässiger werden, wo auch die letzten (Selbst-)Verteidigungen einem Urvertrauen in die Welt weichen. Durch diese Müdigkeit, die nicht länger entzweit, öffnet sich ein Raum der Aneignung von Wirklichkeit jenseits eines bloßen Besitzinstinkts oder Leistungstriebs.

Genau das ist eine Müdigkeit, die vereint, die heilt und geteilt werden möchte. «Die Müdigkeit war jetzt mein Freund. Ich war wieder da, in der Welt.»[73] Nun werden auch unsere Abwehrkräfte schwächer, und man ist sich der Dinge gewärtiger. Die reservierte Mentalität des Großstadtmenschen entwickelt eine neue Aufnahmebereitschaft: Vorsicht wandelt sich in eine vertrauensvolle Offenheit für unsere gemeinsame zerbrechliche *Conditio humana*, die wir alle teilen und lieben. Gerade in den Momenten der Müdigkeit brechen die Barrieren auf, werden Masken zu Boden geworfen, werden der Panzer des Ich und die Illusion seiner Allmacht abgelegt. So kommt man in Kontakt mit der eigenen entwaffneten

Wirklichkeit, mit eigenen Grenzen und Überempfindlichkeiten. Genau hier nehmen wir unsere grenzenlose Verwundbarkeit wahr, unsere schmerzliche Ausgesetztheit in dieser Welt, und genau das lässt uns mit leiser oder lauter Stimme inständig nach der Freundesgegenwart des anderen rufen.

In der Müdigkeit fühlen wir uns alle kleiner. Sie miteinander zu teilen ist daher eine Form der Zärtlichkeit. Wenn man Müdigkeit grundsätzlich als einen Zustand behandelt, der zurückgedrängt werden soll – sei es durch Erregungstrips oder durch Entspannungstechniken –, heißt das, den Ruf nach Zärtlichkeit für das gemeinsame, verwundbare Menschliche zu ersticken, auch wenn die Müdigkeit des urbanen Lebensstils gerade auf diese Weisen versucht, zum Menschlichen zurückzufinden. Hier klingen die Worte Jesu aus dem Matthäusevangelium an, mit denen er sich selbst zum Ort des Ausruhens für alle Müden dieser Welt macht: «Kommt alle zu mir, die ihr mühselig und beladen seid! Ich will euch erquicken. Nehmt mein Joch auf euch und lernt von mir; denn ich bin gütig und von Herzen demütig; und ihr werdet Ruhe finden für eure Seele. Denn mein Joch ist sanft und meine Last ist leicht.» (Mt 11,28–30) Das Oxymoron «sanftes Joch», das auf die freudige Ankündigung des Reichs verweist, verdeutlicht die messianische Wahrheit Jesu. Zwar erklärt er, dass «kein Jota und kein Häkchen des Gesetzes vergehen, bevor nicht alles geschehen ist» (Mt 5,18), um seine Treue zum Mosaischen Gesetz – zur

Thora des Volkes Israel, dem er selbst angehört – zu bekräftigen. Jedoch kritisiert er radikal jeden Aspekt der Unterdrückung. Das Gesetz darf kein Instrument für Schikane und Herrschaft werden, nicht zu Sklaverei und Unterwerfung führen. Jesus weist leidenschaftlich den tyrannischen Aspekt des Gesetzes zurück, der den Tod des Subjekts fordert. Er will um jeden Preis ein Gesetz überwinden, das Vergeltung fordert und so Gewalt, Enttäuschung und Vorbehalt schürt. Stattdessen möchte er die Menschen, denen er begegnet, für ein anderes Gesetz empfänglich machen – mit seinem sanften Joch und seiner leichten Last. «Wer von euch ohne Sünde ist, werfe als Erster einen Stein auf sie.» (Joh 8,7) Die berühmte Begegnung zwischen Jesus und der Ehebrecherin beleuchtet exemplarisch diese Dialektik zwischen dem sterilen, leidenschaftslosen Automatismus eines unterdrückenden, erniedrigenden, im wahrsten Sinn des Wortes steinernen Gesetzes – das nämlich die Steinigung fordert – und einem anderen Gesetz, dem Gesetz der Liebe, Zärtlichkeit und Vergebung, das die einzig mögliche Alternative ist. Eine Alternative zum Joch der Leistungsgesellschaft mit der Last all ihrer Gebote, ihrer geschriebenen und ungeschriebenen Gesetze von Effizienz bis Profit, von der Ergebnisoptimierung bis hin zur Fitness und Wellness der Schönheitsinstitute für Körper und Seele. Die «Mondstrahlen bei Tage» können helfen, dieses Joch in einen positiven Druck zu verwandeln, der nicht lästig ist und die Körper stärker an die Erde bindet, auf dass weichere und tiefere Wurzeln wachsen mögen. Dies bedeutet nicht, dass alles einfacher wird; das Joch bleibt, wenn auch sanft, ebenso wie die Last, die jedoch leichter wird. Dazu schreibt Musil wie aus einer anderen Hemisphäre: «Wer weiß, ob die Liebe übrigens ebenso bewundert würde, wenn sie nicht müde machte!»[74]

9

Sabbat im globalen Dorf

Zu Anbeginn der Zeiten – so steht es geschrieben in dem Buch, das den Anfang der hebräischen wie der christlichen Bibel bildet – ist auch Gott müde gewesen. Auch er hat eine Zeit zum Ausruhen gebraucht. Die erste Schöpfungsgeschichte (Gen 1,1–2,3), das berühmte «siebentägige Werk», ist durch einen sehr präzisen Takt gegliedert, der nicht nur der Erschaffung der Welt, sondern auch der Struktur jeden Tages einen rätselhaften Rhythmus verleiht. Am Sonnabend, wie es die jüdische Tradition festgelegt hat, oder am Sonntag, wie es im Christentum Brauch ist, hält die Zeit inne, sie verringert ihren Druck und holt Atem, um dann wieder von Neuem die Welt zu gestalten. Es ist wie ein kosmischer Atemzug nach dem Wochenwerk der Schöpfung.

> Gedenke des Sabbats und halte ihn heilig! Sechs Tage darfst du schaffen und all deine Arbeit tun. Der

> siebte Tag ist ein Ruhetag, dem HERRN, deinem Gott, geweiht. An ihm darfst du keine Arbeit tun: du und dein Sohn und deine Tochter, dein Sklave und deine Sklavin und dein Vieh und dein Fremder in deinen Toren. Denn in sechs Tagen hat der HERR Himmel, Erde und Meer gemacht und alles, was dazugehört; am siebten Tag ruhte er. Darum hat der HERR den Sabbat gesegnet und ihn geheiligt. (Ex 20,8–11)

In der jüdischen Religion achten die Gläubigen den Sonnabend noch heute als absoluten Ruhetag, so wie die Moslems den Freitag und die Christen den Sonntag. In der Bibel wird er Sabbat genannt, und wie jedes jüdische Fest beginnt er am Freitag nach Sonnenuntergang und endet am Sonnabend mit dem Erscheinen der ersten Sterne. «Am siebten Tag vollendete Gott das Werk, das er gemacht hatte, und er ruhte am siebten Tag, nachdem er sein ganzes Werk gemacht hatte. Und Gott segnete den siebten Tag und heiligte ihn; denn an ihm ruhte Gott, nachdem er das ganze Werk erschaffen hatte» (Gen 2,2–3). Am Sabbat haben alle Anrecht auf Ruhe; niemand soll arbeiten, weder Herr noch Knecht, weder Mann noch Frau, weder einheimischer Bürger noch Fremder. Auch die Tiere haben ein Anrecht auf Ruhe. Der Sabbat besitzt eine egalitäre Kraft, er hebt jede Hierarchie und jede Herrschaft auf, denn niemand kann das Tun des anderen ausnutzen. Wenn nichts in Arbeit ist, kann niemand die Arbeit seines Nächsten ausbeuten.

Alle müssen sich von der Müdigkeit der Woche ausruhen, alle sind in der eigenen, speziellen Müdigkeit gleich.

Der biblische Sabbat ist in gewisser Weise paradigmatisch für jedes Fest und eine der Gaben, die das alte Volk Israel der Menschheit überliefert hat, weil ihr mit ihm das Gebot des Ausruhens geschenkt wurde, also ein Gesetz, das uns vor exzessiver Müdigkeit schützt. Das Gesetz hat grundsätzlich einen zärtlichen Aspekt.

Mensch zu sein bedeutet notwendige Arbeit und eine ständige Anstrengung, die an die Grenzen unserer Verletzlichkeit rührt. Der Sabbat – also die Zeit von Freitagabend bis Sonnabend – belohnt Menschen und die Dinge des Lebens, indem er uns einlädt, uns zusammen mit ihnen von den gemeinsamen Mühen auszuruhen.

Es ist wie eine Einladung, einen anderen Blick auf das arbeitsame Alltagsleben zu werfen, das einmal wenigstens verwandelt erscheint, nämlich von jeglichem Zwang und jeder Ertragskalkulation befreit. Dieser Blick entschädigt den Alltag für seinen Verschleiß und seine Sorgen, indem er ihn wieder die Dankbarkeit und Zärtlichkeit erleben lässt, die er verdient. Der Blick erlaubt dem Alltag, sich von der Anstrengung zu befreien, mit der er zu unserem Lebensunterhalt beiträgt, und sozusagen eine innere, vertraute Schönheit auszustrahlen. So erhält das Alltagsleben eine besondere – ästhetische, nicht produktive – Prägung und gewinnt unsere Zuneigung. Der Sonnabend hilft, menschlich zu bleiben. Die gemeinsam geteilte Ruhe ist eine Form der liebevollen Anerkennung der gegenseitigen, durch das menschliche Zusammenleben erforderlichen – und erzwungenen – Zusammenarbeit. Die Zärtlichkeit des Sonnabends trägt Sorge für das, was die geteilte Mühe adelt, und schützt diese vor dem Niedergang und vor der Verrohung. Die Zärtlichkeit gibt gerade dem von der Mühe des Lebens erschöpften Menschen Schönheit zurück; sie verbirgt die Mühe nicht verlegen, sie macht daraus keinen Trip, sie verflucht sie nicht voller Verachtung. Die Zärtlichkeit gibt der Menschlichkeit des realen Lebens Schönheit zurück. Sie entreißt die Menschheit der Resignation und der Demütigung, ihre einfache Größe macht die Menschen weich.

Es wird überliefert, dass ein römischer General den Rabbi Josua fragte, weshalb die Speisen des Sabbat einen so wunderbaren Duft verströmten. Der Rabbi antwortete, sie hätten ein spezielles Gewürz, das sie Sabbat nennten, und dies sei der Duft, den er wahrnehme. Der römische General wollte es daraufhin haben. Rabbi Josua gab zurück, jeder, der den Sabbat einhalte, könne es genießen, aber dass es dem nichts nütze, der es nicht einhalte. Die Enthaltung von der Arbeit, das Ausruhen, die gemeinsamen Mahlzeiten und das Gebet bilden das, was die Juden *menucha* nennen. *Menucha* ist kein negatives Gebot, sondern etwas im Kern Positives, das sogar das Wesen Gottes betrifft.[75] Die Rabbiner in alter Zeit glaubten an die Notwendigkeit eines besonderen Schöpfungsaktes für die Existenz der *menucha*, ohne die das Universum unvollendet geblieben wäre. Der Sonnabend unterbricht die Zeit der Erschöpfung, aber er ist kein Moment, der einfach zur Wochenzeit hinzuzuzählen wäre. Er ist vielmehr ein Moment, der die gewöhnliche Zeit vollendet, deren Unzulänglichkeit aufzeigt und ihren unvollständigen Charakter offenbart. Nicht nur von der Arbeit allein lebt der Mensch, daher soll er des Sabbat gedenken. Die Menschen sind nicht mit ihren Funktionen, ihren Unternehmungen, ihren Leistungen, ihren sozialen Routinen gleichzusetzen. Es genügt nicht, zu tun – man muss sich auch retten vor dem, was man tut, und so auch dieses retten, was man tut.

Interessant in diesem Zusammenhang ist, dass der islamischen Tradition zufolge in Allah zwei verschiedene Handlungsweisen gegenwärtig sind *(Sunan)*, das Werk der Schöpfung und das Werk der Erlösung – so, wie die christliche Tradition die Funktion des Schöpfers vor allem mit dem Vater, das Werk der Erlösung mit dem Sohn assoziiert. Allah hat also zweierlei Handlungsweisen, die eine ist den Engeln anvertraut, die zweite, die des Heils (oder des Gebots), den Propheten (von Abraham bis Moses, von Jesus bis Mohammed). Und da das Gebot edler sei als die Schöpfung, sei der Verkünder des Gebots edler als der Verkünder der Schöpfung, schreibt der mittelalterliche persische Historiker und Philosoph Asch Shahrastani. Das bedeutet nicht, dass die Werke der Schöpfung einfach nur der Ort eines ursprünglichen Falles sind, sondern dass es auch immer das Bedürfnis nach einer Art Wiedergutmachung und Erlösung von dem gibt, was getan wurde, damit man nicht in seinem Werk gefangen bleibt. Die Zeit des Ausruhens bedeutet daher Rettung für das Tagwerk der Wochentage, indem man sich der Arbeit und der Tage bewusst wird. Es ist wie eine Passage oder eine Ausbuchtung im Fluss der Zeit, wo sich unsere Handlungen und Erzeugnisse gewissermaßen ablagern können und wo sich eine Distanz zwischen uns und unser Tun legen möge, zwischen unsere Person und unsere vielfältigen sozialen Rollen. Auch wenn Tätigkeiten für eine Anerkennung durch die anderen und für eine gemeinsame Existenz – und daher auch für die persönliche Identität – grundlegend sind, werden sie zu einer Gestalt des Todes, wenn sie totalitär werden und den gesamten Raum und die gesamte Lebenszeit einnehmen.

Der Sabbat dient gerade dazu, sich nicht von den Leistungen auffressen, sich nicht vom Druck der sozialen Rolle vereinnahmen zu lassen. Da gibt es etwas wie eine zusätzliche Zeit, das die normale Zeit transzendiert und in Spannung zu sich selbst bringt, indem es deren Partialität enthüllt, manchmal sogar die Vergänglichkeit. Das will keineswegs heißen, die gewöhnliche Zeit besäße keinen Wert. Aber ihren Sinn erhält sie nur im Verhältnis zu ihrer Vollendung, das heißt zur Unterbrechung durch den Sabbat, der die normale Zeit von dem Anspruch erlöst, ausschließlich aus sich selbst heraus jeden möglichen Lebensrhythmus ausschöpfen zu wollen. Der Sabbat ist eine Zeit des Ausruhens, als Ausdruck eines höheren Bedürfnisses, das uns tagtäglich vor unserer grenzenlosen Müdigkeit schützt.

Aus diesem Grund brauchen wir unbedingt den Feiertag, nämlich eine Zeit, die den erschöpfenden Kreislauf unseres Erschaffens und Zerstörens *in vivo* unterbricht, eine Zeit, die im obsessiven Kreislauf von Aktion und Produktion einen Durchlass und einen Fluchtpunkt bietet. Das Fest verkörpert das Bedürfnis nach einem anderen Rhythmus, es ist ein Gegengesang, der jeden unbegrenzten Anspruch des Tuns aufhebt und stilllegt. Sich das Bedürfnis nach Nichttun zu bewahren ist ein unverzichtbares, rettendes Element, ohne welches wir alle zu einem hoffnungslosen Verschleiß unserer selbst und zu irreparabler Müdigkeit verurteilt sind. Man kann nicht immer irgendetwas können: In der Leistungsgesellschaft und in der Müdigkeitsgesellschaft ebenso wie in der Gesellschaft des Spektakels können alle immer alles machen und sich über alles äußern, gemäß den ehernen globalen Gesetzen der Flexibilität und medialen Omnipräsenz. Während diese Gesetze uns davon überzeugen, dass das Subjekt alles kann und alles sein kann, keine Lücke und keine Schwäche einzuräumen braucht, berauben sie uns systematisch der Fähigkeit des *Nicht*tuns und verurteilen das Subjekt zur saturierten Potenz einer Existenz, die zum Schatten ihrer selbst zu werden droht. In seinem Essay *Über das, was wir nicht tun können* schreibt Giorgio Agamben:

> Heutzutage ist es diese andere, dunklere Seite der Potenz, auf die es die Macht, die sich ironischerweise ‹demokratisch› nennt, abgesehen hat. Sie trennt die Menschen nicht mehr von dem, was sie tun können, sondern zunächst und zumeist von dem, was sie nicht tun können. Von seiner Impotenz getrennt, der Erfahrung beraubt, etwas nicht tun zu können, glaubt der heutige Mensch, zu allem fähig zu sein, und wiederholt sein joviales ‹Kein Problem!› und sein unverantwortliches ‹Lässt sich machen›, obgleich er eigentlich der Tatsache ins Auge sehen müsste, dass er in bislang unbekanntem Maße Kräften und Prozessen ausgesetzt ist, auf die er keinerlei Einfluss hat. Er ist nicht blind für seine Fähigkeiten geworden, sondern für seine Unfähigkeit, nicht für das, was er tun kann, sondern für das, was er nicht tun oder unterlassen kann.[76]

Die Trennung der Menschen von ihrer Impotenz ist die herrschende Strategie des politisch-ökonomischen Systems von heute. Dabei geht es um ein Dispositiv von immenser Macht, das in den heutigen Alltag der Arbeit und des Konsums eingedrungen ist, wo jeder leere Raum, jeder Durchlass in der Zeit, jede Lücke in der Subjektivität und damit jede Erfahrung von Muße ausgefüllt werden soll.

Das, was uns hingegen befreit, finden wir, wenn wir mit dem Bereich unseres Unvermögens und Nichtwissens, der die Wahrheit über unsere Begrenztheit offenbart und sich unserer Schwäche zärtlich annimmt, Kontakt aufnehmen. Heute werden unsere elementarsten Beziehungen durch ein Dispositiv reguliert, das zu einer übermächtigen, anonymen und beinahe mechanischen Konformität geführt hat. Es strebt danach, auch jene Zeit, die wir weiterhin Freizeit nennen, der Fessel des utilitaristischen Konsums zu unterwerfen. Dieses Dispositiv versucht gemäß seiner Logik auch die Freiheit der zärtlichen Anteilnahme am Menschlichen durch den Trieb zur optimalen Produktion von Genuss zu pervertieren. Blaise Pascal drückt diese menschliche Schwierigkeit, «die Zeit, die bleibt», zu leben, in einem seiner bekanntesten Gedanken aus:

> Wenn ich mich zuweilen damit beschäftigt habe, die vielgestaltige Unrast der Menschen zu betrachten, die Gefahren und Mühsale, denen sie sich aussetzen: am Hofe, im Kriege, woraus so viele Streitigkeiten und Leidenschaften, kühne und oft böse Unternehmungen entstehen, habe ich entdeckt, daß das ganze Unglück der Menschen aus einer einzigen Ursache kommt: nicht ruhig in einem Zimmer bleiben zu können.[77]

Auch die Freizeit ist mit Beschäftigungen und Produktion vollgestopft, wie um uns selbst von unserer Impotenz und unserer Verwundbarkeit fernzuhalten. Die Zeit der Zärtlichkeit ist heilsam in ihrer Aufmerksamkeit für uns und für die Zeit. Mit ihr ertragen wir die Gefräßigkeit der Zeit, die vergeht und uns verzehrt, und leben gemeinsam eine kreative und erholsame Zeit. Diese Zeit droht kolonialisiert und zerstört zu werden durch Leistungsdruck, Erregung und Wettbewerb. Oder auch durch obsessive Renditeerwartungen und Machtakkumulation. Und wer das alles nicht schafft, ist ein Verlierer, wird in der Gesellschaft bedauert, wenn nicht sogar regelrecht verachtet.

Die Zärtlichkeit kann uns mit der Schönheit des Menschseins und Menschbleibens wieder versöhnen und uns dabei Befriedigung und Freude schenken. Diese symbolische Macht in der gelebten Zeit wieder wirksam werden zu lassen ist ein wahrer Kraftakt. Zärtlichkeit heißt entschlossen zu sein gegen die übergriffige Anmaßung, die uns auf habenwollende Maschinen reduzieren will, ohne Beteiligung der inneren Vertrautheit – von Menschen und von Dingen –, die wir brauchen. Diese innere Vertrautheit ist Befriedigung und Freude durch das, was man bei Menschen und bei Dingen weder kaufen noch verkaufen kann, was man im Leben weder produzieren noch konsumieren kann, weil sie aus der eigenen Gabe heraus lebt, sich aus ihrer Anerkennung nährt und aus unserer Verwundbarkeit heraus lebt. Diese Verletzlichkeit wird durch die Achtung, die sie erfährt, und die Behutsamkeit, mit der ihr Raum gegeben wird, gelindert. Man wird wieder lernen müssen, auch Eros mit dieser Zärtlichkeit zu betrachten und seinen Allmachtswahn zu tilgen. Die Zärtlichkeit wird ihm wieder die berührende Leichtigkeit des Gottes der kleinen Dinge zurückgeben und ihn vor der unersättlichen Besitzgier bewahren, die ihn vernichtet. Die Zärtlichkeit wird aus dem Eros wieder einen Sabbat für die Seele machen, ihn aus der besessenen Arbeit eines Dispositivs lösen.

Der Sinn des Sabbats oder des prophetischen Wortes besteht gerade darin, für Widerstand gegen die Saturierung von Zeit und Wissen Raum zu bieten, damit ein Teil davon ohne Aktivitäten, ohne Zweck und ohne produktive Funktion bleiben möge. Es ist eine Zeit des intransitiven Tuns und der reinen Fröhlichkeit, also jener besonderen Weise zu handeln und zu leben, die den Zustand der Muße feiert und heiligt. Es handelt sich nicht um eine reine Enthaltung von Arbeit, sondern um eine «fröhliche Transformation» ihrer inneren Ökonomie, eine Deaktivierung ihrer potentiell zermürbenden Kräfte, damit aus diesen eine menschliche, behutsame und grundlose Dimension des Handelns hervorstrahle.

> Wenn man isst, dann nicht, um Nahrung aufzunehmen; wenn man sich kleidet, dann nicht, um sich zu bedecken oder vor Kälte zu schützen; wenn man wach bleibt, dann nicht, um zu arbeiten; wenn man geht, dann nicht, um sein Ziel zu erreichen; wenn man spricht, dann nicht, um Informationen auszutauschen; wenn man miteinander Gegenstände

tauscht, dann nicht, um zu kaufen oder zu verkaufen.[78]

Das Tun wird aus seiner Anspannung erlöst, produzieren zu müssen, und somit auch von jedem äußeren Zweck, damit es sich auf seine intransitive Qualität konzentrieren und seine potentiell schöpferische Kraft freisetzen kann. Man handelt nicht eines bestimmten Zieles wegen, dem man sich auf unbestimmte Weise in einer immer zermürbenderen Bewegung zu nähern sucht. Situationen und Aktionen werden nicht aufgrund einer strategischen, auf ein Ziel ausgerichteten Zweckmäßigkeit bewertet. Zwischen dem Subjekt und seinem Tun entstehen eine geeignete Zeit und ein geeigneter Raum, wo die Frage nach dem Sinn seines Tuns und seines Wirkens auftauchen kann. Es bedarf einer Zeit der Muße, in der diese Frage wieder möglich wird. Es ist eine Zeit, in der die Arbeit zur Kunst wird, der Schritt zum Tanz, die Information zur Poesie, die Objekte werden zu Zeichen und die Kleider zu unserer symbolischen zweiten Haut. Man gebraucht die Werke und die Dinge auf eine andere Weise, die sie ihres funktionalen und utilitaristischen Charakters enthebt, um dafür ihr unbewertbares und unbenutzbares, also ihr *unschätzbares* Wesen zu zeigen.

Der Sinnüberschuss des Festes liegt vor allem in seinem Wesen, nämlich unnütz und unproduktiv zu sein, was die essenzielle Bedeutung eines Momentes der *Gnade* hat. Die größte Freude schenkt uns nicht das, was wir durch unsere Projekte und unsere Anstrengungen erobern können. Verdienst verschafft Befriedigung, aber es entstehen daraus nicht einfach die besten Gefühle und menschliche Bindungen. Die festliche Fröhlichkeit ist wie eine Zugabe, die die Forderungen nach dem Tun deaktiviert, ohne es zu entstellen, und die seine potentiell entfremdende Kraft stilllegt, indem sie es quasi ausruhen lässt, um es vor sich selbst zu schützen. Daher ist die Einhaltung des Sabbats in der jüdischen Tradition nicht nur Ausdruck für ein Gebot des Ausruhens, sondern für die vollkommene Erfüllung aller Gebote, so dass der Tag eine Vorwegnahme des Messianischen Reichs verkörpert.

Ohne Zweifel verlieren wir unsere Fähigkeit zu feiern immer mehr. Diese hat nicht viel mit der «Freizeit» zu tun, die oft nichts anderes ist als eine Umkehrung der Wochenarbeit und die mit Zeitvertreib, *negotia* und Aktivitäten aller Art überladen wird. Zweifelsohne sind die gebotenen Feiertage weiterhin Gelegenheiten, die die Zeit unterbrechen, wo man gemeinsam feiert und einen anderen und gemeinsamen Rhythmus des Lebens erfährt. Und dennoch scheint es immer schwieriger, das Feiern in seiner radikalen Dimension zu ermöglichen, die eben gerade in der Untätigkeit besteht und im Vermögen, den zermürbenden Charakter unseres Arbeitens aufzuheben und aufzulösen. In diesem Sinne ist das Festmahl eine Befreiung des Essens von seinem funktionalen Charakter, so wie der Tanz im Körper die Aufhebung des

Nützlichen in seinen Bewegungen ist oder die Poesie die Deaktivierung der kommunikativen und informativen Bestimmung von Sprache ist und eine neue Macht des Redens erzeugen kann. Besonders Poesie und Tanz zeigen die ungeheuren Möglichkeiten, die Ökonomie der Körperbewegungen und die des Wortes aufzulösen, weil sie deren unmittelbare Funktion aufheben und ein anders geartetes Bedürfnis zeigen. Damit öffnen sich die Menschen einem unproduktiven und kontemplativen Gebrauch des Redens, Tuns und Denkens, der die geltenden Mächte aufheben und den Dingen einen anderen Wert geben kann. Das Feiern vermag vor allem, dem Tun wieder eine Grundlage zu geben, weil es jedes Mal die essenzielle Beziehung zwischen persönlicher Erfahrung und Sinnsuche wieder aufleben lässt, die die wahre Quelle für unsere Leidenschaften ist und der Grund, warum wir weich werden, der Grund, warum wir leben oder sterben.

10

Spielen wir!

Denn … der Mensch spielt nur, wo er in voller Bedeutung des Worts Mensch ist, und *er ist nur da ganz Mensch, wo er spielt.*» Friedrich Schiller weist dem Spiel eine herausragende Rolle in seinem idealen Programm zur ästhetischen Erziehung des Menschen zu, das eine neue, schöpferische und glückliche Subjektivität anstrebt, wo Leidenschaft und Vernunft, das Schöne und das Gute endlich in erhoffter Harmonie zusammen existieren können. Wenn man spielt, vergessen die unterschiedlichen Seelenvermögen ihre Konflikte und Eifersüchteleien, und alles nimmt einen leichteren Ton an, ohne an Intensität zu verlieren. Es ist, als gewänne das Spiel jedes Mal diese ursprüngliche Dimension des Lebens zurück, bevor der unschuldige Blick auf die Welt verloren geht. So spricht auch Hegel von der Indifferenz des Spiels, das in seinem größten Leichtsinn zugleich der erhabenste und der einzig wahre Ernst sei.

In der Kindheit ist das Spiel eine ziemlich ernsthafte

Angelegenheit, wo man auf besondere Art seine Erfahrungen mit der Welt machen kann. Kinder dulden keine Ablenkung von ihrer Beschäftigung, und das gemeinsame Spiel wird sogar zu einem grausamen Mittel der Unterscheidung zwischen Freunden und Nichtfreunden; das aus dem Spiel ausgeschlossene Kind ist ein Abbild der sozialen Ausgrenzung in der Erwachsenenwelt, mit all den damit einhergehenden Dramen. Spiel ist keine Freizeit, wie die Erwachsenen es nennen, sondern eine Zeit des schöpferischen Tuns und der Eroberung, wo alles vorhanden ist, Freude und Schmerz, Anstrengung und Entspannung, Weichheit und Härte. Das Spiel ist einfach die Aktivität der Kindheit ohne Trennung von Aufgabe und Leistung, denn es ist ein Raum puren Lebens und purer Erfahrung.

Spielen ist eine Aktivität, die die Zeit der Zerstreuung und Erholung vom täglichen *negotium* belebt, im Sinne einer praktischen Unproduktivität und des grundlegenden materiellen Desinteresses. Im Spiel eröffnet sich eine Welt vielfältiger Möglichkeiten, die zwischen Passivität und Aktivität, zwischen Ernsthaftigkeit und Leichtfertigkeit schwingt und wo «das Spiel zum Weltsymbol» wird. Vom absoluten Energieaufwand beim Rennen über eine Wiese nur aus reinem Selbstzweck bis hin zu den komplizierteren Strategien von Spielen mit stärker formalisierten Regeln wie etwa beim Schach – das Spiel ist ein Moment, in dem eine glückliche Synthese von Regeln und Freiheit erfahrbar ist. Das Spiel eröffnet einen Raum des Unbestimmten zwischen der Starrheit einer vorgegebenen Struktur und der Freiheit der in ihr möglichen Bewegungen; auf der einen Seite müssen wir uns gehorsam seinen Regeln unterwerfen, auf der anderen Seite erleben wir ein Gefühl der Freiheit und Sorglosigkeit, das dem folgsamen «Einhaltenmüssen der Regeln» die Härte nimmt. Selbst wenn wir anfangs vom Spiel mitgenommen, gespielt werden – gilt das nicht auch für das Spiel des Lebens? –, so spielt jeder doch auch in seinem Stil gemäß seinem Charakter, indem er mit allem spielt oder zu wenig spielt, indem er sich erobern lässt oder aber in der Deckung bleibt, um auf bessere Zeiten zu warten.

Das Geheimnis für das Glücksempfinden beim Spiel besteht vielleicht gerade in dem kleinen Raum, der zwischen der Starrheit der Regeln und dem Gefühl von Handlungsfreiheit besteht. Gleichsam ein spezieller Raum des nachlässigen und unbekümmerten Daseins, der alle Eigenschaften der Zärtlichkeit aufweist, weil er wie eine Gnade erteilt wird. In seiner Grundlosigkeit, in seinem unproduktiven Aufwand, im Gefühl der Freude für das sinnlich Wahrnehmbare, das von ihm ausgeht, in seiner egalitären und gleichzeitig schöpferischen Dimension ist das Spiel gerade der Raum, in dem man sich wohl fühlt. Im Italienischen ist man *a suo agio*; *agio* bezeichnet einen Zustand des Angenehmen und der Bequemlichkeit, wo es einem gut geht. Das kann auch mit ausreichendem materiellen Wohlstand und Annehmlichkeiten, die ein sorgloses Leben garantieren, zu tun haben. Daneben gibt es noch eine technische Bedeutung aus dem Bereich der Mechanik, nämlich die Bezeichnung für den kleinen Raum, den man zwischen zwei Stücken lässt, damit sie «Spiel haben». *Agio* in der Bedeutung von Spielraum verweist auf den besagten kleinen leeren Raum, auf einen anliegenden Raum (*ad-iacens*), der es ermöglicht, sich frei zu bewegen, Atem zu holen und sich schließlich langsamer zu bewegen (*ad-agio*). Dieser Spielraum, der vielleicht das Geheimnis jeden Spiels ausmacht, entspricht einem tiefen Gefühl der Freiheit, einer Ungezwungenheit innerhalb eines durch Regeln streng kodifizierten Systems. Von diesem Blickwinkel aus betrachtet erschließt das Spiel ein Feld der Formen und Kräfte, in dem eine räumliche Öffnung und eine zeitliche Transformation zu erfahren sind – wie ein umgebender Raum, in dem Kinder und Erwachsene endlich ihrem Druck und ihren Ängsten entrinnen können, um sich zärtlich gemeinsam auszuruhen und Teilchen auszustrahlen, die von guten Bindungen kommen.

Der Spielraum kündet von einem quasi seligen Zustand, sorglos und dennoch tiefgehend, wie eine Vorwegnahme des Reiches, das da kommen wird. Nicht umsonst bezeichnet Eugen Fink die Dimension der Zerstreuung im Spiel als «Oasen des Glücks», einen Ort der freudigen und müßigen Gelassenheit.

Die Kinder denken nicht einmal an ihre Müdigkeit.
Sie laufen wie junge Hunde. Sie machen den Weg
zwanzigmal.
Und daher einen zwanzigmal längeren Weg, als es
nötig wäre.
Was macht das ihnen schon aus. Sie wissen genau,
dass sie am Abend,
(Doch denken sie nicht daran)
Vor Müdigkeit umsinken werden,
Hinein in ihr Bett oder selbst noch bei Tisch.
Und dass der Schlaf von allem das Ende ist.
Das ist ihr Geheimnis, das ist das Geheimnis,
nie müde zu sein.
Unermüdlich so wie die Kinder.
Unermüdlich wie das Kind Hoffnung.
Und am kommenden Tag immer von vorn
zu beginnen.[79]

Zwischen Spiel und Schlaf entsteht eine besondere Freundschaft, die eine Reserve für das Sein zu bieten vermag, eine «Kräftigung des Seins», die die Seele an jedem Morgen erfrischt. Im Spiel wird der Realität Last entzogen, was Dinge und Gestalten weicher macht, die aber deswegen nicht weniger aktiv oder gegenwärtig sind. Daher kann man nachweislich im Spiel – oder am Ende des Spiels – die Erfahrung einer anderen Müdigkeit machen, einer guten Müdigkeit, würde Handke sagen, die keine Trägheit oder Dumpfheit erzeugt, die den Abstand zwischen uns und unserem Handeln nicht vertieft und die Last all des Schweren in dieser Welt nicht noch vergrößert. Im Spiel vergisst man die Welt nicht, aber man löst sich von ihren zermürbenden Aufgaben und bildet gleichzeitig eine neue Zweckgemeinschaft. Auf diese Weise verwandelt sich die Welt in ein Spiel – in Form von Miniaturen, Puppen und mechanischen Figuren, Holzkonstruktionen und Werkzeugen aus Gummi –, alles normale Objekte existierender Gesellschaften, die anders gebraucht und denen dadurch magische Kräfte verliehen werden, für eine neue Gemeinschaft der Lebenden.

Alle Spiele existieren also in einer besonderen Raumzeit, die anders ist als die des Alltags und die überdies im Geheimen eine Beziehung zur Sphäre des Heiligen unterhält, aus der sie kommt. Viele unserer gewöhnlichen Spiele haben ihren Ursprung in uralten heiligen Zeremonien oder Praktiken der Weissagung, deren religiöse Bedeutung in eine im Wesentlichen spielerische Dimension verwandelt worden ist: «Der Ringelreihen war ursprünglich ein Hochzeitsritus; das Ballspiel kommt von den Kämpfen der Götter um den Besitz der Sonne; die Glücksspiele stammen von modernen Orakelpraktiken; der Kreisel und das Schachspiel waren Instrumente zur Weissagung.»[80] Im Spiel behält man sozusagen das antike Ritual bei, aber man lässt den Mythos hinter sich. Daher ist darin immer noch ein Rest religiöser Magie, ohne dass die entsprechenden Wahrheiten und Darstellungen bewahrt würden.

Das Spiel ist, wie auch das Fest, eine Praxis, die eine Tätigkeit von ihrem ursprünglichen Nutzen und Kontext befreit, indem es ihre produktiven und einem Zweck verpflichteten Aspekte abgelegt hat. Eine Katze, die einem Wollknäuel hinterherrennt, als wäre es eine Maus, verwandelt ihren Beuteinstinkt und macht daraus ein heiteres Ritual; Kinder, die mit Plastikwaffen spielen, mit kleinen Autos und mit Masken und Verkleidungen aller Art, reproduzieren Handlungen, Worte und Gesten des Krieges und der Arbeit, des Tauschens und der Macht, indem sie deren innewohnenden Wert auf den Kopf stellen, die symbolische Kraft parodieren und damit dem bedrohlichen Element seine Wirkung nehmen. In ihrer Mutation zu Spielzeugen verlieren solche Dispositive der Macht ihre sakrale Aura und den Herrschaftscharakter, um sich im magischen Theater der kindlichen Vorstellungswelt in Gefüge von Traum und Vergnügen zu verwandeln. Deswegen schenken Kinder (und Tiere) der Menschheit die Gabe eines neuen Gebrauchs der Dinge, was Erlösung aus einer erstarrten Welt bedeutet, wo alles bereits seinen Platz, seine Funktion und seine Position hat. Nicht zufällig lieben Kinder unförmige Monster – Nährboden für Metamorphosen, haufenweise Verwandlungen, offenbleibende Möglichkeiten der ästhetischen und poetischen Konversion, bevor alle schließlich glücklich bis an ihr Ende leben mögen.

Zahlreich sind die Arten zu spielen, aber alle haben etwas gemeinsam. Walter Benjamin hat die Kindheit geliebt und stets vor ihren Feinden und Saboteuren gewarnt (das heißt vor den Erwachsenen).

> Kinder neigen nämlich auf besondere Weise dazu, jedwede Arbeitsstätte aufzusuchen, wo sichtbar die Betätigung an Dingen vor sich geht. Sie fühlen sich unwiderstehlich vom Abfall angezogen, der beim Bauen, bei Garten- oder Hausarbeit, beim Schneidern oder Tischlern entsteht. In Abfallprodukten erkennen sie das Gesicht, das die Dingwelt gerade ihnen, ihnen allein, zukehrt. In ihnen bilden sie die Werke der Erwachsenen weniger nach, als daß sie Stoffe verschiedener Art durch das, was sie im Spiel daraus fertigen, in eine neue sprunghafte Beziehung zueinander setzen. Kinder bilden sich damit ihre Dingwelt, eine kleine in der großen, selbst.[81]

Dieses Gesicht der Welt, das sich nur spielenden Kindern zukehrt, dieser Rest der Welt, den die Erwachsenen nicht mehr gebrauchen und der wie tot in den Ecken von Bauplätzen und in den Schachteln von Schneiderinnen herumliegt, wird auf eigene Weise zerlegt und wieder zusammengesetzt und beginnt als Spielzeug ein neues Leben. Der von den Maurern verworfene Stein ist zum magischen Objekt für viele Kämpfe und Eroberungen geworden, für eine Kindheit mit einem Zimmer für sich allein. Das Kind benutzt die Welt nicht einfach, sondern erschafft sie, und die Welt antwortet ihm mit neuen Formen, die rollen, und alten Dingen, die gehen können; ein Paralleluniversum entsteht aus vergessenen Stücken des Lebens und mit Personen aus Geschichten, die alle noch geschrieben werden müssen. Hier kann man die Affinität zwischen Spiel und künstlerischer Erfahrung begreifen: Das Spiel ist «der erste Beginn des Kindes mit der Kunst» oder das erste Anzeichen für ästhetisches Schöpfen in ihm. Das spielende Kind erschafft «eine kleine in der großen» Welt, eine Welt der Phantasie und Vorstellungskraft, jenseits jeder Logik des Nutzens, genau wie bei einem Künstler. Im Spiel «erschafft es Leben, kein Eigentum; die Objekte legen ein eigenes Verhalten an den Tag, sind keine träge und komplizierte Materie mehr in der hohlen Hand.»[82]

Darum lieben Kinder Reste so sehr: Da diese keinen vordefinierten Objektcharakter haben – oder weil sie ihn bereits für immer verloren haben –, sind sie vollkommen offen für jegliche Form und jegliche Erzählung. Sie können zu Autos oder wilden Tieren, Korkenziehern oder Meeresmonstern werden. Die Reste werden zu belebten Präsenzen, Abenteuergefährten in einer von Gestalten und Geistern belebten Welt, deren Details von Geschichte und Struktur nur die Kinder kennen. Gerade wenn die Welt der Objekte ihre definierten Formen verliert, gewinnt sie eine unendliche Vielfalt an Kräften. Wenn die Welt bereits ganz in Stücke zerbrochen ist, sind Kinder wie getrieben von einer Leidenschaft für Wiederverwertung, mit der sie eine Welt innerhalb der

Welt konstruieren, in der alles einen rettenden und fröhlichen Charakter annimmt.

Diese kindliche Liebe zum Zerlegen und Wieder-Zusammensetzen dürfte eine beeindruckende Hypothese bestätigen, die Charles Baudelaire 1853 in seinem wunderschönen kleinen Aufsatz *Von der Moral des Spielzeugs* aufgestellt hat. Dass Kinder unwiderstehlich angezogen werden von den Fragmenten der Welt, die man wieder zusammensetzen kann, ist nichts anderes als der umgekehrte Aspekt eines metaphysischen Triebs, der sie unaufhaltsam dazu drängt, ihre Spielzeuge zu zerlegen, zu zerstören, um zu sehen, was darin ist:

> Das Kind wendet das Spielzeug hin und her, kratzt dran herum, schüttelt es, knallt es gegen die Wände, wirft es zur Erde. Von Zeit zu Zeit lässt es den Mechanismus seine Bewegungen wiederholen, bisweilen in umgekehrter Reihenfolge. Das wunderbare Leben hält ein. Das Kind, dem Volke gleich, das die Tuilerien belagert, macht eine äußerste Anstrengung; schließlich erzwingt es die Öffnung, – es ist der Stärkere. *Aber wo ist die Seele?* Hier setzt die Bestürzung ein und die Traurigkeit.[83]

Baudelaire deutet die Zerstörungsmanie bei Kindern, die sich – mehr oder weniger unverzüglich – gegen Puppen, Plüschtiere, Hampelmänner und Automaten jeder Art richtet, als philosophisches Begehren, «*die Seele*» des

Spielzeugs zu sehen, seiner Innenwelt bis auf den Grund zu gehen. Bei dieser primären Suche nach dem Sinn, nach der inneren Bedeutung der Welt vollzieht sich jedoch die erste Erfahrung von Demütigung. Die aufgeregte Aktion des Zerlegens lässt einen am Ende alleine zurück mit besiegtem Staunen, umgeben von den Trümmern eines kaputtgegangenen Körpers. Die Spannung bleibt abgrundtief, und das Experiment wird sich mit immer neuer Verzauberung und immer neuer Enttäuschung fortsetzen. Die Wiederholung einer solchen Erfahrung der Entfremdung ist, wie Freud beobachtet, typisch in Bezug auf die Puppen, die einen ziemlich ambivalenten Charakter haben: Sie sind keine bloßen Dinge mehr, sondern bereits Phantasie- und Wunschobjekte, keine leblosen Körper mehr, aber noch keine Engel und spirituellen Präsenzen; sie scheinen eine Seele zu besitzen, bleiben aber in ihr Geheimnis eingeschlossen, in der «unheimlichen» Dimension, die aus ihren beweglichen und doch nur trostlos aufgerissenen Augen hindurchschimmert.

Jedenfalls entfacht die Ungewissheit der Realität, die bei den Kindern die Gewissheit auslöst, dass eine andere Welt möglich ist, den Forscherdrang immer wieder neu. Ohne Ungewissheit existiert kein Spiel. In einer sicheren und im Vorhinein festgelegten Welt gibt es weder Spielraum noch Zärtlichkeit, es gibt keinen freien Raum für Bewegung, sondern eine Reihe vorbestimmter Regeln und Aufgaben, die man zu befolgen, zu verwirklichen, denen man zu entsprechen hat.

Daher ist heute mancher um das zukünftige Schicksal des Spiels besorgt. Spielsachen sind nicht mehr nur Objekte eines phantasievollen Zeitvertreibs, sondern Warenobjekte einer sehr viel weniger magischen und kreativen Erwachsenenwelt. In Entwurf und Herstellung von Spielen betrauen Erwachsene Kinder stets mit einer Aufgabe – vom Legostein zu Figuren, von den Barbiepuppen zum Meccano-Metallbaukasten, von der Playstation zu den Plüschtieren verkörpern die Spielzeuge das Medium einer Beziehung zwischen Kindheit und Erwachsenenwelt, das von Behagen und Unbehagen einer Epoche erzählt. Erwachsene sehen in Kindern ihr Alter Ego:

> Die üblichen Spielsachen sind im wesentlichen ein Mikrokosmos; es sind sämtlich verkleinerte Reproduktionen von Dingen aus der Erwachsenenwelt, als ob in den Augen des Publikums das Kind eigentlich nur ein kleinerer Mensch wäre, ein Homunkulus, dem man Gegenstände liefern muß, um seiner Größe zu entsprechen.[84]

Die heute von Frankreich produzierten Spielsachen – das gilt womöglich auch für viele andere westliche Kulturen – konstruieren Roland Barthes zufolge nicht die Kindheit, sondern ihren fiktiven Mythos für den erwachsenen Gebrauch. Auch wenn manche Baukästen nicht ganz ohne kreative Bastelei für dynamische Formen auskommen mögen, sollen die Kinder inzwischen nur noch wenige Formen selbst erfinden. Alles ist schon vorbereitet, um ausgeführt, zusammengesetzt, nachgebildet, fertiggestellt zu werden, wie in der Rätselecke einer Zeitschrift, wo man Punkte einfach durch Striche verbindet. So haben Spielsachen von heute immer stärker die Tendenz, das Universum der Funktionen und Aktivitäten von Erwachsenen vorwegzunehmen und zu imitieren, wie ein Katalog der sozialisierten, globalisierten Aktionen und Aufgaben, Werbegeschenke von TV-Serien und Animationsfilme in einem Kreislauf des Medienkonsums, der keine Zärtlichkeit mehr zu wecken vermag. Hier fehlen Materialien zum Zusammensetzen und Seelen, nach denen gesucht wird; da werden keine kleinen Holzstückchen zu Booten zusammengebaut, die man aufs offene Meer gleiten lässt, sondern prächtige *ready-made*-Geräte; oder Elemente eines Puzzles sind nach einem bereits vorgegebenen Schema zusammenzusetzen, wie in einer vorgefertigten Welt.

Was ist dieser Horror vor der Leere, diese Flucht vor dem Spielraum? Auch hier bedarf es einer Geste der Zärtlichkeit oder eines neuen Evangeliums der Leichtigkeit, um wenigstens einen Moment des Festes leben zu können.

Lass mich spielen nur zum Spiel
Einfach so, gar nicht viel
Muss nicht lernen, nicht verstehn,

mit den andern umzugehen
Nur ein Kind mit andern Kindern
Kein Erwachsner soll uns hindern
Ohne Kopf, mit Hand und Fuß
alle dürfen, keiner muss
Ohne Plan, der Weg ist Ziel
wie der Wind ins Feuer bläst
Es ist nur Spaß, es ist ein Fest
Lass mich spielen zum Spiel.[85]

Das Leben ist kein Spiel. Das Spiel greift in seinem symbolischen Vollzug jedoch unsere Begabung auf, uns den existenziellen Herausforderungen zu stellen, und es verstärkt dabei die Liebe zum Leben in seiner Einfachheit und seinem Glück. Dies wiederum lässt uns darauf vertrauen, dass wir jede Prüfung in Gestalt der schwierigen (wenn nicht unmöglichen) Versöhnung von Gegensätzen aushalten können, Schicksal und eigene Bemühung, Erziehung und Inspiration, Unwägbarkeit und Kalkül, Freiheit und Regel.

Das Spiel ritualisiert den Vollzug eines Lebens, das ununterbrochen auf die Probe gestellt wird, und ermutigt uns, es fröhlich aus Liebe zum Leben selbst zu meistern. Spielen ist wie ein Initiationsritus in die Risiken des Lebens, auf dessen grundsätzliche Güte es – auch in seinen schwierigsten Momenten – setzt. Es braucht Zärtlichkeit für das Leben, das sich uns schenkt, um das Spiel als Ritual praktizieren zu können, das trotz allem das Liebens- und Lebenswerte preist. Die Zärtlichkeit wird durch das Spiel sozusagen auf die Probe gestellt. Natürlich kann man auf diese oder jene Art spielen. Wo das Spiel in den Windungen von Machtwillen, Geldgier oder Genussbefriedigung gefangen ist, wird eine Initiation in die existenziellen Prüfungen verdrängt, und der zerstörerische Charakter wird Oberhand gewinnen. Wo das Spiel hingegen wieder und wieder Leidenschaft für die Fähigkeiten des Lebens erzeugt, weil es Glück und Lebenslust, weil es Begabungen, Vergnügen und Fähigkeiten in Fluss bringt, da kann man den traurigen Leidenschaften entgegentreten und ihnen mit Hilfe der Ressourcen einer gemeinsam geteilten Fähigkeit trotzen, einer Fähigkeit, die wir in der spielerischen Ausübung unserer fröhlichen Leidenschaften erlangt haben.

Diese Fähigkeit zu fröhlichen Leidenschaften, die die harten Spiele des Lebens zu bewältigen vermag, ohne dass dabei die Liebe zum Leben verloren ginge, ist eine perfekte Definition für die – weder süßliche noch entsagungsvolle – Zärtlichkeit, der die Ehre wiedergegeben werden soll für die Stadt des Menschen, der da kommen wird.

Porträts der Zärtlichkeit

Zärtlichkeit des Sohns

Alle Kulturen beziehen sich sowohl in ihrer Entstehungsphase als auch in ihrer Weiterentwicklung auf ihre Gründungsmythen. Werden die Erinnerung oder die Bindung daran schwächer, beginnt der große Organismus einer Kultur an Energie und Charakter zu verlieren und damit sich selbst dem Niedergang preiszugeben. Oswald Spengler, Autor des kulturphilosophischen Werks *Der Untergang des Abendlandes*, bezeichnete den Prozess, in dem die lebendigen Geister eines Volkes erlöschen, als den Übergang von der Kultur zur Zivilisation. Erstere verkörpert ein vielversprechendes und kreatives Anfangsstadium, Letztere hingegen Endstadium und Verfall der gesamten Kultur. Um eine Kultur am Leben zu erhalten, bedarf es immer wieder des Rückgriffs auf die eigenen Gründungsmythen: Jede Renaissance ist stets auch Erinnerung an die eigenen Ursprünge, die wie Speicherbecken von phantastischen Vorstellungswelten und vitalen Bedeutungen sind und aus denen sich in Zeiten der Dürre symbolische Stärke und Visionen für die Zukunft schöpfen lassen.

Vergils *Aeneis* ist eine der großen Erzählungen der europäischen Kultur, auf die man in schwierigen Phasen zurückgreifen kann. Sie ist die epische Vergangenheit des Abendlandes, dessen genetisches Erbe zur Immunisierung gegen jeglichen Verlust an Größe die Spuren der griechischen und römischen Götter und Helden in sich trägt, *pietas* und *humanitas*. Das, was heute von ihren «Unternehmungen» geblieben ist, hat jedoch die legendäre Aura ihrer Gesten und Worte verloren; bei Unternehmen denkt man heute nur an Kapitalinvestitionen mit dem Ziel, Güter zu produzieren, um daraus Profit zu schlagen. Das Unternehmen wird funktionaler und lukrativer, entmythologisiert und säkularisiert durch neue Riten, neue Mythen und neue Helden einer globalisierten Welt.

Andere epische Charaktere hingegen sind in der spätkapitalistischen Welt der totalen Mobilität heute erneut wieder lesbar geworden.

Betrachten wir die *Aeneis*. Vergil lebte im ersten globalen Reich der Welt mit Rom an der Spitze, unter der Herrschaft des Kaisers Augustus. Aeneas als Sohn einer Göttin und eines trojanischen Herrschers ist der Held der *Aeneis*, des Epos der Emigranten, das Vergil zu Ehren des Kaisers verfasst hatte. Aeneas ist ein «Flüchtling durch Schicksalsspruch», ein Fremder, der alles verloren hat. Er lässt eine Stadt hinter sich, die durch die Waffen der Griechen zerstört wurde, und erblickt Italien das erste Mal vom Meer aus. Italien ist für ihn wahrhaftig eine letzte Zuflucht, die er langsam am Horizont auftauchen sieht, als erhöbe sie sich aus der Tiefe (*humilemque videmus Italiam*). «Der weithin über Länder und Meere getrieben wurde durch der Götter Gewalt ... und viel durch Krieg erlitt» – in der Tat ist er ein Flüchtling nach dem Willen der Götter, ein Wille, der für Aeneas allerdings oft nur schwer begreiflich ist. Er ist ein Held auf der Flucht aus seiner brennenden Stadt, Anführer einer kleinen Gruppe trojanischer Gefährten, auf der Suche nach einer neuen Zukunft, der «nach Italien kam und zum Gestade Laviniums». Die Wechselfälle seines Schicksals sind Symbol für eine Existenz, die sich auf den Weg gemacht hat und notwendigen und schwierigen Etappen folgen muss wie in einem langwierigen Prozess kollektiven Werdens. Aeneas weint über seine zerstörte Stadt, über die Trümmer seiner ruhmreichen Vergangenheit; er ist erschüttert angesichts Trojas in der Hand der Feinde. Er begegnet unterschiedlichen Völkern und Kulturen, wird als Gast aufgenommen (Dido), auch als Bedrohung abgelehnt (Turnus); er verliert seine Frau in den Gräueln des Krieges. Er kommt schließlich in die künftige Ewige Stadt und bringt als symbolische Geste für die Gründung Roms beziehungsweise für eine neue Herkunft die Penaten mit, eine neue Sprache und eine neue Kultur. Aeneas, der Flüchtling und Fremde, wird zum Gründer des neuen, historischen Römischen Reiches.

Hier genügt eine Szene, in die der Dichter Giorgio Caproni einführt:

Es waren verirrte Blitze
motorisierter Wanderer.

In mir rauschte die Ahnung,
Aeneas zöge vorüber.[86]

Caproni hört im Dunkel das Rascheln trockener Blätter und das Vorbeirauschen von Autos und denkt an die Wellenbewegung des Meeres. Vor ihm taucht die Szene des vorbeiziehenden Aeneas auf. Dieses «Vorüberziehen» verweist auf jenen Übergang, den Vergil am Ende des zweiten Buches der *Aeneis* beschreibt. Es ist bereits Nacht, Aeneas flieht gemeinsam mit seiner Familie und einer Gruppe verzweifelter Flüchtlinge, im Hintergrund Troja, das von den Flammen verschlungen wird. Sie fliehen zur Küste, an die Hänge des Idagebirges; sie müssen zu den Schiffen gelangen, um von der bereits zerstörten Stadt wegzukommen und der eigenen Vernichtung zu entrinnen, indem sie sich in eine unbekannte Zukunft stürzen. Hinter den Flüchtigen wird das Land vom Feuer der Heere verzehrt, vor ihnen das vage Bild einer unsicheren Zukunft, in ihnen das reine Chaos und ein zerrissenes Herz, das echte Empfinden, fremd zu sein, das heißt, für immer den eigenen Boden, das eigene Land verloren zu haben. Die Flüchtlinge entkommen und schleppen sich durch die Schrecken von Schwefel, der «weithin raucht ringsum», auflodherndem Feuer und feindlichen Schilden, und die Familie des Aeneas ruft im Vorwärtsschreiten die Götter um Hilfe an. Aeneas erzählt, zunächst «weigert sich der Vater, den ich vor allen anderen in die hohen Berge bringen wollte und deshalb als ersten aufsuchte, nach Troias Zerstörung weiterzuleben und die Verbannung zu ertragen». Anchises, nunmehr ein Greis, fleht den Sohn an, die Flucht ohne ihn anzutreten und ihn in seiner sterbenden Stadt sterben zu lassen: «So, ja so laßt mich liegen, sagt mir den letzten Gruß und geht». Seinen Vater so sprechen zu hören, der sich nicht mehr bewegen kann, der sich in einer Nacht der Verwüstung an seinen Entschluss klammert, erschüttert Aeneas:

> Fest entschlossen sprach er diese Worte und blieb unerschütterlich. Wir hingegen, in Tränen aufgelöst, die Gattin Creusa, Ascanius und alle im Haus baten den Vater, doch nicht mit sich alles zu vernichten und dem drängenden Schicksal nachzuhelfen. … ‹Daß ich dich Vater, zurücklassen und den Fuß aus diesem Haus setzen könnte, hast du das erwartet, ist wirklich solche Ungeheuerlichkeit dem Mund des Vaters entschlüpft?›[87]

Aeneas *pius* kann als mitleidender Mensch Anchises auf keinen Fall seinem Alter und seiner Trauer alleine überlassen. Er kann nicht einfach seine Wurzeln abschneiden und *pater* und *patria* gleichzeitig verlieren, den Vater und das Vaterland, das wie eine erweiterte Familie ist, unter dem Segen der Penaten, der Beschützer des Zusammenhalts zwischen den Generationen. Der Alte wiederum bleibt, obwohl verzweifelt und bereits entkräftet, ein starrer und unbeugsamer Vater: Nicht jedoch im Sinne eines despotischen Willens, der seinen Kindern keinen Raum lässt, sondern im Gegenteil im Sinne eines Wunsches nach einem möglichen Leben für die anderen, als Segen für zukünftige Generationen: «‹Ihr, deren Blut jung und unverbraucht ist›, sagte er, ‹deren starke Kräfte kerngesund sind, sinnt ihr auf Flucht!›» Vor dem dramatischen Hintergrund des in Flammen aufgehenden Vaterlandes wird unter Anrufung der Götter der Staffelstab auf die schönste Weise übergeben: Der Sohn nimmt ihn an, ohne jedoch die heilige Bindung zwischen den Generationen zu durchschneiden.

Plötzlich aber erscheint «ein zartes Flämmchen» über dem Scheitel des Sohnes Ascanius: Das ist ein göttliches Zeichen, Anchises lässt sich überzeugen, gemeinsam mit den übrigen Besiegten zu fliehen. Alles erscheint wie die Ankündigung eines zutiefst unheilvollen Endes in den Straßen, die durch Feuersbrünste in Flammen aufgehen und aus denen alle Götter längst geflohen sind. Die Vergangenheit ist versiegt, ist nunmehr fast am Ende, da bietet Aeneas seine Hilfe an, damit die eigene Vergangenheit durchhalten möge, ein wenig noch:

> Auf also, teurer Vater, setze dich auf meinen Nacken; ich will dich auf meine Schulter nehmen, und diese Last wird mir nicht schwer sein; wohin auch immer die Dinge sich wenden, ein und die selbe Rettung wird uns beiden zuteil.[88]

Inmitten der rauchenden Ruinen legt sich Aeneas ein Löwenfell um, worauf er den alten Vater bettet. Dann nimmt er seinen Sohn Ascanius bei der Hand, «an einem Strand, der noch dampft vor Blut». Sanft beugt er sich aus Hingabe unter der Last des bereits blinden und gelähmten Körpers des Vaters. Die drei Generationen müssen vereint vorwärtsgehen im gemeinsamen Risiko, eine notwendige Einheit, um Erinnerung, Kraft und Hoffnung der Geschichte bewahren zu können. Aeneas trägt eine Vergangenheit, die zusammenbricht, und begleitet gleichzeitig die Zartheit einer Zukunft, die noch nicht groß geworden ist. Er bittet Anchises, die heiligen Geräte und die Penaten zu tragen, weil seine Hände noch blutbesudelt sind und es ihm daher nicht gestattet ist, die Götter zu berühren.

In der letzten Nacht in Troja scheinen dem Helden Aeneas – der bis zu diesem Moment den Tod in der Schlacht ersehnt hatte und den «längst nicht mehr schwirrende Geschosse noch die Griechen, zusammengerottet aus dem Heer der Feinde, beeindrucken konnten» (II 726–727) – jeder Laut und jeder Windhauch einen Schrecken einzujagen. Zuvor war er der impulsive Mann gewesen, der mutig und ungestüm gegen den Feind kämpfte und der sich quasi dafür entschuldigte, noch nicht auf dem Schlachtfeld gestorben zu sein. Nun ist er vor allem Vater zum Schutz seines Stammes. Er weiß, dass es ihm bestimmt ist, seine Leute in Sicherheit zu bringen und Stammvater eines neuen Volkes auf fremdem Boden zu werden. Da ist einerseits der Instinkt des Kriegers, elementarster Impuls für einen Mann jener Zeit, auf der anderen Seite aber Pflicht und Sorge für den anderen, was bereits eine weitere Ebene des Bewusstseins und der Entwicklung erfordert. «Was Aeneas empfindet, wenn er die Lanze hebt, und was er empfindet, wenn er seinen alten Vater auf die Schultern hebt, ist nicht miteinander vergleichbar. Ersteres ist einfach und verschafft sofortige Befriedigung. Das zweite ist von einer geistigen Leistung abhängig, die die Tiefen des Geistes auslotet. Erst hier kann die adoleszente, horizontale Kraft des Kriegers zur vertikalen Kraft der Väter reifen.»[89] Aeneas muss sich beugen, weich werden, in seinem Inneren Raum schaffen – als bereite er ein Ruhelager –, um die impulsive Härte seines Heldengeistes zu verlieren und den anderen auf sich zu tragen. Der horizontale Impuls des Kriegers gelangt zur Reife in der vertikalen Kraft seines Vaterseins, wodurch er über die kriegführenden Horden seiner Mitmenschen hinauswächst, die sich wiederum leichtfertig und unwissend, ohne Last und Gefühl für die Schwerkraft vorwärtsbewegen. Aeneas schreitet nun unter dem – sanften, würde Jesus sagen – Joch des Anchises, der auf seine Schultern drückt, damit er sich immer mehr in der Erde verwurzle, während er mit dem Blick nach den göttlichen Zeichen des Himmels sucht. Von den Abenteuern seiner Jugend ist nur noch das Löwenfell auf seinen Schultern übrig, auf dem nun die Verantwortung ruht, die Generationen zusammenzuhalten. Der

Zeitpunkt ist gekommen, das soldatische Bild heroischer Männlichkeit zu überwinden, das im Zeichen der Gewalt steht. Die Zärtlichkeit eines Sohnes wird zur einzig möglichen Hoffnung für eine neue künftige Kultur, die sich nach vorne bewegt, indem sie angesichts der Ruinen hinter sich eine andere Zukunft für alle ersehnt.

Nun übernimmt Aeneas seinen Platz in der Linie der Väter: Die Skulpturengruppe von Lorenzo Bernini zeigt diese Abfolge der Generationen deutlich, Anchises, der auf Aeneas sitzt, und der kleine Ascanius, der ihnen folgt. Anchises trägt ein Gefäß mit der Asche der Ahnen, auf dem die Statuette der Penaten zu erkennen ist. Aeneas stützt beide mit seinen väterlichen Händen, als zentrales Bindeglied zwischen den Generationen. Die Christen werden ein ähnliches Bild finden, wenn sie Christus mit ausgebreiteten Armen darstellen oder den guten Hirten unter den neunundneunzig weidenden Schafen seiner Herde, der sich das einzige verirrte Lamm auf die Schultern lädt. Bei Bernini wirkt es wie ein marmorner Stammbaum, auf dem die Vaterschaft von einem Lebensalter zum anderen zu strömen scheint, zwischen Göttlichen und Sterblichen, während der gemeinsamen Flucht nach Italien.

Die schmerzliche Wanderung wird zum Symbol für die Gründung einer neuen Kultur im antiken Latium, dem künftigen Rom. Aeneas ist wie der letzte rosafarbene Lichtstreif, der die Kolonne der Versprengten erleuchtet. Er ist der Flüchtling, der seine Vorstellungskraft nicht verloren hat und der um sich alle Kräfte sammelt, um für alle zu einem Zeichen der Hoffnung zu werden. So erzählt es der aus Oberschlesien stammende deutsche Nachkriegsautor Heinz Piontek:

> Doch holte uns ein, der einen Knaben führte:
>   ein übermüdeter Mann,
> sein Waffenrock war von Sommern versengt,
> und er trug einen Alten, den schlaffen Vater,
>   auf beiden Schultern.
> Da wurde es Tag vor unseren Augen
>   mit rosenblättrigem Licht.[90]

Es ist ein Licht in der Farbe einer Blume und mit dem Duft der antiken *pietas*, der lateinischen Entsprechung von Zärtlichkeit. Die *pietas* ist eine tiefe Ehrfurcht vor Menschen und Göttern, eine leidenschaftliche Verbundenheit, die eine ebenso starke *fides* erfordert. Sie findet ihren Ausdruck in tiefstem Mitleiden mit dem, was zerbrechlich und hinfällig ist und was dahinzuschwinden droht. Was daher nach Obhut und Schutz verlangt und danach, an die Hand genommen zu werden, dass der Schmerz des anderen mitgetragen werde. Der Anblick des Vaters, der sich gleichzeitig mit seinem zerstörten Vaterland aufgibt, erregt im Sohn tiefempfundene *pietas*: Aeneas sieht sich mit der Sterblichkeit des *pater* und seines Vaterlandes konfrontiert, er weint aus Ergriffenheit über deren Endlichkeit wie auch über die eigene und nimmt beide auf seine Schultern mit einer körperlichen, ausgesprochen zärtlichen und fügsamen Geste der Nähe und Zuneigung. Aeneas ist ein klassischer Held, weil er die Verkörperung einer höchsten und komplexen *humanitas* ist, einer *magnitudo animi*, die nicht das maskuline muskelstrotzende Ideal vieler antiker Männer und Helden darstellt, sondern die sich dazu berufen fühlt – nicht ohne Leid und Konflikte (Dido) –, unter Selbstverzicht die Last der anderen aufzunehmen, um einer Bestimmung zu folgen, die Gutes für alle bewirkt. Der Gehorsam gegenüber dem Willen der Götter und eine außergewöhnliche innere Redlichkeit machen aus Aeneas einen melancholischen und zärtlichen Helden mit einem Geist, der väterlich und schicksalsbeladen ist:

> Dann erst komme ich schließlich am Ende der Nacht
> wieder zu meinen Gefährten.
> Und hier stelle ich staunend fest, daß eine riesige Zahl
> neuer Begleiter herbei geströmt ist, Frauen sowohl wie
> auch Männer, eine junge Mannschaft, versammelt,
> um in die Fremde zu gehen, ein elender Haufen.

Der Anblick der Überlebenden ist unendlich tröstlich, während Troja in ihrem Rücken bereits gefallen ist. Aeneas schreitet mit dem Vater auf den Schultern voran und wendet sich gemeinsam mit seinen Fluchtgefährten den Bergen zu, auf der Suche nach einem Land, in dem man neu beginnen kann. Hier zeigt sich das Empfinden

Vergils als Erbarmen mit den Besiegten und als Zurückhaltung den Siegern gegenüber, als Grauen über den Tod und Ekel angesichts junger, blutüberströmter Körper (wie könnte man die Geschichte von Euryalus und Nisus je vergessen?) in einer Welt, die nunmehr in Trümmern liegt. Nur die Liebe – das ist schließlich die *pietas* des Aeneas – ist ein möglicher Weg, der es ihm gestattet, sich eine andere Gesellschaft vorzustellen und die Grenzen zwischen dem, was menschlich ist, und dem, was nicht menschlich ist, zu begreifen. Vielleicht versteht er sogar, dass der kulturelle Humus, auf dem er aufgewachsen ist, mit seinen männlichen Idealen von Festigkeit, Kühnheit und Opferbereitschaft auf dem Schlachtfeld nicht die seit jeher ersehnte Kraft zur Erlösung hatte. Aeneas entdeckt, dass es eine tatsächlich echte menschliche Dimension des Lebens gibt, die sich – dank der Erinnerung an seine Herkunft und des Wunsches nach einer Gemeinschaft, die auf *pietas* beruht, also der Sorge um die Zerbrechlichkeit und Sterblichkeit jedes Einzelnen – als fruchtbar erweist.

Die Gestalt des Aeneas mit Anchises auf den Schultern und Ascanius an der Hand, alle im Zustand der Flucht aus ihrer Welt, verkörpert ein elementares Symbol für jede Generation, die in einer Krisenzeit leidet. So wie es uns Italienern heute geschieht, uns Bewohnern Hesperiens, einst ersehntes Ziel der trojanischen Flüchtlinge und heute erträumt von einer herzzerreißenden Masse von Emigranten zu Land und zu Wasser. In all den

Zügen und Booten, in all der Verzweiflung und der Erschütterung um jeden *in extremis* geretteten Alten, in den Kindern, die an die Hand genommen werden und in den Frauen, die auf dem Wege verloren gingen wie Creusa, die «vom Weg abirrte oder nach einem Sturz liegenblieb» – da sind immer noch die Flammen Trojas, da ist immer noch ein «unauffälliger Aeneas, der nie besungen wird als Held».[91] Migration, Schrecken und Verlassenheit als Zustand sind bis heute gleich: Er «raucht eine Zigarette, … umsichtig pflanzt er seine Wurzeln in diese Welt»[92] auf fremdem Boden. Aber der Wunsch, solche Gesten zu besingen, ist nunmehr erloschen. Es gibt eine Zeit, zu singen, und eine Zeit, zu schreien, eine Zeit, zu erzählen, und eine Zeit, um schweigend weiterzugehen. Heute gibt es keine Muse, die in der Lage wäre, die tägliche Tragödie von Menschen auf der Flucht in ein Epos zu verwandeln. Vielleicht fehlt heute die *pietas* eines Vergil – dieses feinfühlenden Steuermanns –, bestimmt aber fehlt sie nicht bei Tausenden Vertriebenen mit zerrissenem Herzen und schmerzenden Knochen, die Tag für Tag auf ihren erschöpften Schultern zu Land und zu Wasser unsere Vergangenheit tragen, unsere Gegenwart und unsere Zukunft wie äußerst zerbrechliche Glieder in der Kette der Generationen auf der Suche nach einem verheißenen Land.

Balsam der Zärtlichkeit

Einer der Pharisäer hatte ihn zum Essen eingeladen. Er ging in das Haus des Pharisäers und begab sich zu Tisch. Und siehe, eine Frau, die in der Stadt lebte, eine Sünderin, erfuhr, dass er im Haus des Pharisäers zu Tisch war; da kam sie mit einem Alabastergefäß voll wohlriechendem Öl und trat von hinten an ihn heran zu seinen Füßen. Dabei weinte sie und begann, mit ihren Tränen seine Füße zu benetzen. Sie trocknete seine Füße mit den Haaren ihres Hauptes, küsste sie und salbte sie mit dem Öl.

Als der Pharisäer, der ihn eingeladen hatte, das sah, sagte er zu sich selbst: Wenn dieser wirklich ein Prophet wäre, müsste er wissen, was das für eine Frau ist, die ihn berührt: dass sie eine Sünderin ist. Da antwortete ihm Jesus und sagte: Simon, ich möchte dir etwas sagen. Er erwiderte: Sprich, Meister! Ein Geldverleiher hatte zwei Schuldner; der eine war ihm fünfhundert Denare schuldig, der andere fünfzig. Als sie ihre Schulden nicht bezahlen konnten, schenkte er sie beiden. Wer von ihnen wird ihn nun mehr lieben? Simon antwortete: Ich nehme an, der, dem er mehr geschenkt hat. Jesus sagte zu ihm: Du hast recht geurteilt. Dann wandte er sich der Frau zu und sagte

> zu Simon: Siehst du diese Frau? Als ich in dein Haus kam, hast du mir kein Wasser für die Füße gegeben; sie aber hat meine Füße mit ihren Tränen benetzt und sie mit ihren Haaren abgetrocknet. Du hast mir keinen Kuss gegeben; sie aber hat, seit ich hier bin, unaufhörlich meine Füße geküsst. Du hast mir nicht das Haupt mit Öl gesalbt; sie aber hat mit Balsam meine Füße gesalbt. Deshalb sage ich dir: Ihr sind ihre vielen Sünden vergeben, weil sie viel geliebt hat. Wem aber nur wenig vergeben wird, der liebt wenig. Dann sagte er zu ihr: Deine Sünden sind dir vergeben. Da begannen die anderen Gäste bei sich selbst zu sagen: Wer ist das, dass er sogar Sünden vergibt? Er aber sagte zu der Frau: Dein Glaube hat dich gerettet. Geh in Frieden! (Lk 7,36–50)

Diese kleine Szene spielt sich in einem Haus in Palästina ab, zur Zeit des Herodes Antipas; von ihr wird im Lukasevangelium berichtet (auch Markus, Matthäus und Johannes warten mit ähnlichen Versionen auf).

Alles beginnt mit einer Einladung zum Abendessen. Jesus nimmt sie ohne Vorbehalt an und betritt die Welt einer damals bedeutenden religiösen Gruppierung. Ein Abendessen ist und war ein soziales Ereignis; hier werden im Namen der gemeinsamen oder einer ähnlichen kulturellen Identität Rollen festgelegt und Ränge bestätigt. Auf der einen Seite ein Pharisäer, ein angesehener Vertreter des Gesetzes, der der bedeutendsten jüdischen

Schule im damaligen Palästina angehört, ein Wächter über die Riten und die Heiligkeit des Tempels. Er ist ein frommer, gleichzeitig ein sehr harter Mann, hat feste Überzeugungen und hält sich gewissenhaft an die zahlreichen Vorschriften. Wie viele Gestalten, die zu der in den Evangelien beschriebenen Gruppe der Pharisäer gehören, steht auch Simon für einen formellen und obsessiven Gehorsam den objektiven Geboten des Gesetzes gegenüber, was leicht in aggressive Wertungen und schnelle Verurteilungen derjenigen umschlagen kann, die scheinbar die Autorität anzweifeln (nicht nur die Autorität des Gesetzes, sondern auch die eigene als Gesetzeshüter). Die Unnachgiebigkeit dieser Figuren hat zur Folge, dass sie sich nicht für das Kommen des Messias öffnen, nicht für die physische Wahrnehmung einer heilbringenden Gegenwart, die über die Geschichte der Menschen hereinbricht und die die Macht hat, ihren Verlauf radikal zu verändern.

Auf der anderen Seite eine Frau, eine Frau ohne Namen, mit langen Haaren und dem äußerst kostbaren Nardenöl, dessen Duft augenblicklich das ganze Haus erfüllte (Joh 12,3). Simon und die Frau ohne Namen trennt eine unermessliche Distanz. Der äußeren Form und dem inneren Wesen nach bewohnen sie in religiöser, sozialer und menschlicher Hinsicht zwei zutiefst unterschiedliche Hemisphären, die sich so abzustoßen scheinen, dass die beiden nicht einmal am selben Ort zusammen sein können.

Das Lukasevangelium bezeichnet sie als «eine Frau, die in der Stadt lebte, eine Sünderin» (Lk 7,37), die sich ohne Einladung zu einem Abendessen begibt, einzig getrieben von dem tiefen Wunsch, einem Mann zu begegnen, dem Rabbi Jesus, den sie in den Straßen Galiläas vielleicht schon gesehen und dem sie gelauscht oder über den sie wegen seiner Wunder und Heilungen schon so viel reden gehört hatte. Da genügt eine Nachricht, die sich von Mund zu Mund verbreitet, und sie stürzt hin zu ihm. Sie gehört nicht zur Gruppe, sie ist eine Frau, noch dazu eine sündige Frau. Sie handelt wider alle sozialen und moralischen Regeln: Wie sie überhaupt in das Haus des Pharisäers gelangen konnte, bleibt ein Rätsel.

Für den Evangelisten Johannes ist diese Frau Maria von Bethanien. Für manchen Exegeten könnte die Frau Maria Magdalena sein, der Jesus sieben Dämonen ausgetrieben hatte. Mancher meint, es handle sich um die Frau, die Jesus vor der Steinigung gerettet hatte, nachdem sie beim Ehebruch ertappt worden war – in jener wunderschönen Szene des Johannesevangeliums, in der Jesus das erste und einzige Mal etwas geschrieben hat. Die Pharisäer wollen das Gesetz anwenden, das befiehlt, eine Ehebrecherin muss gesteinigt werden. Privatrecht und göttliches Recht in Israel sehen eine Strafe nach einem sehr archaischen Ritual vor, dem zufolge man gemeinsam Steine gegen eine Frau wirft, um sie für ihr Verbrechen zu bestrafen und dieses zugleich aus dem kollektiven Unbewussten der Gruppe zu verdrängen, indem man die Schuld physisch begräbt (im buchstäblichen Sinne: den Konflikt begraben).

> Jesus aber bückte sich und schrieb mit dem Finger auf die Erde. Als sie hartnäckig weiterfragten, richtete er sich auf und sagte zu ihnen: Wer von euch ohne Sünde ist, werfe als Erster einen Stein auf sie. Und er bückte sich wieder und schrieb auf die Erde. Als sie das gehört hatten, ging einer nach dem anderen fort, zuerst die Ältesten. (Joh 8,6–9)

Im Hause des Simon wohnt man in der Tat einer Szene bei, die eine ähnliche Intention, die einen ähnlichen Sinn hat, aber sehr viel leidenschaftlicher ist. In beiden Fällen sind wir auf der einen Seite mit der Starrheit eines Gesetzes konfrontiert, das ein Gefühl der Selbstgerechtigkeit vermittelt, und auf der anderen Seite mit der Biegsamkeit eines Körpers, der sich neigt und beugt, bis er die Erde berührt. In der Szene bei Johannes ist es aber Jesus, der sich hinabbeugt, als wollte er quasi das Gebot flexibler machen, «beugen», – nicht, um es zu relativieren, sondern um es zu radikalisieren – das heißt, um an dessen wahre *radix*, die Wurzel, heranzukommen. Gleichzeitig erwirkt er ein Entgegenkommen des Gesetzes angesichts der konkreten individuellen und kollektiven Geschichten, indem er sich der Besonderheit jeder Geschichte annimmt. Im Lukasevangelium ist es die namenlose Frau, die sich hinabbeugt, die sich krümmt, die sich sogar Jesu zu Füßen kauert, um mit ihren Tränen und dem kostbaren Salböl gewissermaßen auf dem Körper des Meisters zu schreiben. Schreiben auf dem Erdboden und Schreiben auf dem Körper sind zwei machtvolle Gesten, die die große Kraft haben, die Welt weicher werden zu lassen. Sie vermögen es, zutiefst eingefleischten, zornigen mentalen Fixierungen die Stirn zu bieten und die Unversöhnlichkeit ihrer stumpfsinnigsten Urteile zu brechen.

Die Pharisäer betrachten dieses Entgegenkommen jedoch als inakzeptabel. Es beschädigt die heilige Wahrheit des Gesetzes, bedroht die Stabilität ihrer Autorität und macht eine Scharte in ihr Bild von der ethnischen und religiösen Identität des Judentums. Simon und seine Tischgenossen sind gläubige und praktizierende Juden, vermutlich keine schlechten Menschen, denen aber die «Beschneidung des Herzens» fehlt, wie der Prophet Jeremia poltern oder wie Jesaia ihnen vorwerfen würde: «Weil dieses Volk sich mir mit seinem Mund näherte und mich mit seinen Lippen ehrte, sein Herz aber fernhielt von mir» (Jes 29,13). Es sind Menschen mit einem «Herz von Stein», ohne Zärtlichkeit, die die Heilungen während des Sabbats verurteilen (Lk 13,14). Das heißt, sie sind nicht offen für das Kommen des Messias, das sich im Zeichen der Heilung von Schmerz, Krankheit und Verzweiflung natürlich am Sabbat ereignen muss. Sie sind daher im Hinblick auf die Gegenwart des Reiches

Gottes blind (Lk 17,20–21), so dass ihre angemaßte Gerechtigkeit zur Farce wird (Lk 18,9–14).

Die Frau gehört einer anderen Welt an, einer Welt der Leidenschaften, Düfte und Gefühle. Und sie hat einen äußerst schlechten Ruf. Sie wird nicht zu Abendessen und Festmählern eingeladen, und sie darf in keiner Synagoge sitzen. Sie lebt tatsächlich in einem Zustand der absoluten sozialen Ausgrenzung. Sie hat weder Pfründen zu verteidigen noch Macht zu festigen. Daher ist sie offener für eine Möglichkeit ihrer Befreiung, ja sie sehnt diese sogar herbei und wendet sich ungestüm an den Rabbi.

Diese Frau bewirkt beim Leser instinktiv Solidarität, spontanes Mitgefühl und Bewunderung für ihren Mut und ihre Leidenschaft, denn man ist sich bewusst, dass sogleich eine blindwütige Reaktion von Seiten der Tischgenossen losbrechen wird. Diese erkennen ebenso wenig wie Simon, welch aggressive Energie ihren Urteilen innewohnt; sie sehen und fühlen nicht ihre Härte im Geist und im Herzen. Im Gegensatz dazu erkennt die Frau Verfehlung und Sünde, die in ihre Geschichte eingeschrieben sind. Gerade das Erkennen ihres realen Zustands von Elend und Leid ist ihr Privileg und schafft Raum für die Begegnung mit Jesus im Haus eines strenggläubigen Pharisäers. Ohne um Erlaubnis zu bitten, dringt sie, wirklich ohne Manieren, einfach in das fremde Haus ein, einzig getrieben von dem Wunsch, Gefäße mit Tränen und duftenden Ölen darzubringen, in der Hoffnung, wenigstens von ihm geliebt zu werden. Sie kann nicht reden, nur weinen. Jesus lässt sich berühren, lässt es zu, dass die Frau ihn salbt, lässt zu, dass ihre Hände seinen Körper zärtlich liebkosen.

Was gibt es Zärtlicheres, als jemandem die Füße zu küssen? Weshalb sie in Tränen baden? Es wirkt wie eine lange, langsame Handlung ohne Eile, die einem Ritual zu folgen scheint: «sie aber hat, seit ich hier bin, unaufhörlich meine Füße geküsst.» Jesus ist tief ergriffen von der Geste dieser Frau, er lässt sie gewähren, lässt zu, dass ihre Tränen seine Füße benetzen, er lässt sich mit kostbarem Nardenöl salben. Das sind höchst intime Gesten, die einen realen physischen Kontakt herstellen. Ein Mann und eine Frau begegnen einander auf Fußhöhe, vor den verblüfften und verwirrten Tischgenossen, in einer Szene mit intensivem emotionalen Gehalt. Das Unbehagen über ein ungebührliches Schauspiel ist offensichtlich. Gehalt und Wirkung dieser Szene sind höchst sensibel, doch das gibt der Szene eine solche Empfindungsstärke, dass sie eine jahrhundertelang zementierte religiöse Mentalität und Moral zu verrücken vermag. Die Frau kauert auf dem Boden, in einer Position, die große Hingabe und Demut ausdrückt. Aber es ist auch die Position eines Fötus, wie eines Körpers im Werden, eines neuen Lebens, das quasi kurz vor seiner Geburt steht. Die Frau lässt Jesus Gesten reiner Zärtlichkeit angedeihen: Sie liebkost ihn, küsst ihn, salbt ihn weinend mit Duftöl. Dann trocknet sie, in einer sehr weiblichen und sinnlichen Geste, mit ihren Haaren die Füße des Mannes – man kann sich langes offenes Haar vorstellen, ungebändigt und bereit, sich in einem neuen Treuebekenntnis binden zu lassen. Ihr Duft hinterlässt Spuren für spätere menschliche Begegnungen. Hände, Haare, Füße, Tränen und Duftöl begegnen sich und verflechten sich zum liebevollen Epilog einer schwierigen Lebensgeschichte, um neuen Zeitläufen den Weg zu öffnen, die einen anderen Geschmack und einen anderen Duft tragen werden.

Das «wohlriechende Öl der Frau salbt: Es hat die Fähigkeit, eine Salbung zu werden», ist der Kommentar von Papst Franziskus zu dieser Stelle in einer Predigt im vatikanischen Gästehaus Santa Marta. Das Bild erhellt die Wahrheit der Zärtlichkeit. Sie ist wie ein Duft, eine Gabe, die sich weiterverbreitet. Sie ist allerdings kein Duft, der in der Luft hängt und beim ersten Windhauch verweht. Ein Kontakt ist notwendig, eine Geste mit der Hand, eine Liebkosung auf dem Gesicht – oder auch an den Füßen (wenn man sehr mutig ist). Sie ist kein Geruch, der in der Luft liegt, sondern wie ein Balsam, der den Körper durchdringt, der eine Spur hinterlässt – sie ist letztlich ein Gefühl.

Im Gegensatz dazu stehen die Worte des Pharisäers, die «nicht bis zum Herzen vordringen, die den Körper nicht erreichen, die die Wirklichkeit nicht erreichen». Der Pharisäer ist vor allem irritiert über das Verhalten Jesu, der widerstandslos Küsse und Liebkosungen einer öffentlichen Sünderin annimmt. Simon denkt tatsächlich als Erstes: «Wenn er wirklich ein Prophet wäre, müsste er wissen, was das für eine Frau ist, von der er sich berühren lässt; er wüsste, dass sie eine Sünderin ist.» Ein Prophet ist derjenige, der den Willen Gottes in der Geschichte wahrnimmt, der empfänglich ist für Zeichen, wenn Gott Ereignisse und Gestalten seines Volkes durchwirkt, um dessen Sehen, Fühlen und Hören eine Orientierung zu geben. Simon, kommentiert der Papst, «‹war nicht schlecht›, und doch ‹ist er nicht imstande, die Geste dieser Frau zu verstehen. Er ist außerstande, die einfachsten Gesten der Menschen zu verstehen.› Vielleicht, so betonte Franziskus, ‹hatte dieser Mann vergessen, wie man ein Kind streichelt, wie man eine Großmutter tröstet. Inmitten seiner Theorien, seiner Gedanken, in seiner Regierungstätigkeit – denn vielleicht war er ein Ratsmitglied der Pharisäer – hatte er die allerersten Gesten des Lebens vergessen, die wir alle gleich nach unserer Geburt von unseren Eltern zu empfangen begonnen haben.› Kurz gesagt, ‹er war weit weg von der Realität›».

An dieser Stelle vermittelt uns Lukas also zwei Arten, zu sein und zu denken, die sich voneinander stark unterscheiden: auf der einen Seite ein Mann, der beobachtet, urteilt und Anstoß nimmt, auf der anderen Seite eine Frau, die alles auf exzessive Weise tut, die weint, kostbares Duftöl vergießt und wortlos fleht, als sie sich einem bekannten Rabbi zu Füßen wirft. Jesus ist mittendrin, er nimmt die Verlegenheit und den Vorwurf wahr, vor allem aber fühlt er die Liebe und Hingabe einer «stadtbekannten» Frau. Er beschließt also, dem Pharisäer einen Schlüssel zu geben, damit dieser begreifen kann, was hier vor sich geht. Ohne dass Simon es ihm direkt gesagt hätte, kennt Jesus seine Gedanken und zeigt ihm (ironisch) seine Qualitäten als wahrer Prophet. «Simon, ich möchte dir etwas sagen.» Er tadelt ihn, wenn auch «demütig und voller Zärtlichkeit», dass er es im Vergleich zu der Frau an «Höflichkeit» hatte mangeln lassen. «‹Als ich in dein Haus kam›, so sagte er zu ihm, ‹hast du mir kein Wasser zum Waschen der Füße gegeben; du hast mir keinen Kuss gegeben; du hast mir nicht das Haupt mit Öl gesalbt; sie aber hat mit ihren Tränen, mit ihren Haaren, ihrem wohlriechenden Öl all das getan.›» Simon ermangelt es an Zärtlichkeit, die man durch kein Gesetz erlernen und die kein schieres Gesetz je geben kann.

Das Evangelium überliefert nicht, welch schlussendliche Wirkung die Worte Jesu auf Simon ausüben, aber es erzählt in aller Deutlichkeit, wie es für die Frau ausgegangen ist: «Deine Sünden sind dir vergeben», womit Jesus einer ohnehin schon ziemlich komplizierten Situation noch den Skandal hinzufügte. Das Wesentliche ist ihre alabasterreine Zärtlichkeit, die mit ätherischen Essenzen den Körper von Jesus wie mit einer Spur unauslöschlicher Zuneigung bedeckt. Nicht nur die Frau kann am Ende der Geschichte in Frieden gehen, gesegnet durch die Vergebung all ihrer Sünden. Auch Jesus wird von nun an nicht mehr derselbe sein. Die Begegnung hat ihn gezeichnet, vielleicht sogar erschüttert. Er hatte noch nie erlebt, dass eine Frau sich ihm zu Füßen warf, seine Füße waren nie mit ihren Tränen bedeckt und von ihren Haaren getrocknet worden. Der zarte Eindruck dieser Geste auf Fußbodenhöhe mag in ihm Gefühle hinterlassen haben, Gedanken, Spuren einer weiblichen, verwegenen und kühnen Sensibilität. Vielleicht hat er an die Geste dieser Frau gedacht, als er zärtlich seinen Jüngern die Füße wusch in göttlichem Einklang von Männlichem und Weiblichem, kurz ehe er in den Tod ging.

Mediterrane Zärtlichkeit

Lampedusa und Lesbos stehen für die südliche und die östliche Grenze der europäischen Seele. Sie verkörpern ihre geographischen und spirituellen Grenzen, das heißt, ihre letzte Wahrheit, den Ort, wo die Seele schließlich mit sich selbst ins Reine kommen muss. Zwei Inseln wie zwei Augen Europas, die nach innen und nach außen gerichtet sind und angesichts der Geschichten von Schrecken und Hoffnung, die sich vor ihnen abspielen, bisweilen tagelang weit aufgerissen sind. Sie sind «Tore nach Europa» und gegenwärtig schmerzensreiche Schwellen für einen Übergangsritus in Erwartung einer möglichst besseren Phase des Lebens. Wie jede Initiationserfahrung sind sie jedoch begleitet von einer Prüfung, die manchmal unglaubliches Leid mit sich bringt, das die Körper tatsächlich nicht immer stärkt. Mimmo Paladinos Denkmal auf Lampedusa, sein aufs Mittelmeer weisendes Tor aus Keramik und verzinktem Eisen auf dem letzten Ausläufer Italiens, gegenüber von Libyen, erinnert an das Drama Tausender von Migranten auf ihrem erzwungenen Exodus, Menschen, die in ihrer Sehnsucht nach einem neuen Land ihre Zukunft verloren. Die Insel als Auge ist die einzige Zeugin für das Schicksal derer, denen es nie gelungen ist, sie zu erreichen, und um dies künftigen Generationen kundzutun, steht dieses Denkmal hier, den Toten des Meeres zu Ehren. Seine spezielle Keramik nimmt Licht auf und reflektiert es, sogar das Mondlicht, damit es ein symbolischer Leuchtturm auch für nächtliche Überfahrten werde, damit nicht einfach nur die seeuntüchtigen Boote, die es bis nach Lampedusa schaffen, sich auf dem nicht weit entfernten Schiffsfriedhof türmen.

Doch Lesbos und Lampedusa sind nicht nur Inseln der Toten, sondern auch und vor allem der Lebenden. Sie sind wie ein Epilog tausendjähriger Geschehnisse am Rand der Kontinente, in dem sich die unendliche Komplexität und Schönheit einer sich immer stärker zersplitternden Menschheit niederschlägt. Was Institutionen und politische Apparate in ihren Prozessen und Dispositiven nicht verarbeiten und integrieren können, sammelt sich in diesen Schwellen- und Randgebieten: In den *hortis migrantibus* kommt das nackte Leben des Menschlichen in seiner letzten Wahrheit ans Licht, jenseits jeder Maske und jeden Überbaus – aber auch jenseits jeder Gerechtigkeit und jeder Sorge für den anderen.

Auf Lampedusa kann man jetzt das Museo della Fiducia e del Dialogo per il Mediterraneo (Museum des Vertrauens und des Dialogs für das Mittelmeer) besuchen, ein neuer symbolischer Garten mit wunderschönem Namen, der eine «Kultur, die vereint», fördern möchte. Neben Kunstwerken und Fotografien, die den Migranten gewidmet sind, stellt das Museum die während der Rettungsaktionen aus dem Meer gefischten Gegenstände aus. So möchte es ein untergründiger Erinnerungsort sein, zu Ehren all der schmerzvollen Geschichten von Menschen, die im Wasser gestorben sind. Wie die junge afrikanische Mutter von Favour, die nie auf italienischem Boden angekommen ist. Favour ist ein neun Monate altes Mädchen, das in Lampedusa allein an Land kam: Ihre Mutter, eine junge Frau aus Mali, schwanger mit einem weiteren Kind, war während der Überfahrt umgekommen, getötet von den zahllosen Verätzungen, die der Kontakt mit Treibstoff-Meerwasser-Gemisch in dem Schlauchboot verursachte, das sie nach Sizilien bringen sollte. Andere Frauen, auch sie mit massiven Wunden am ganzen Körper, haben sich des Kindes angenommen, es fest an sich gedrückt, bis die Küstenwache zu Hilfe eilte, sie aufnahm und in die Poliklinik der Insel brachte.

> Sieh doch, die Welt in Kämpfe verstrickt
> Sieh doch die Flut der Tränen, gebrochen im Schluchzen
> Sieh doch das Gift. Sieh den Schlag auf die Wange und
> die Verbrennung. Sieh die Verstümmelung.[93]

Hier wurde das Baby in Empfang genommen, mit Wasser, Milch, Keksen und Salben versorgt. Eine neue Umarmung auf fremdem Boden, mütterlich und väterlich zugleich, nachdem sie die Zärtlichkeit ihres Ursprungs im Meer verloren hatte. Hier auf Lampedusa hat man ihr den Namen Favour gegeben; sie ist zur Begünstigten geworden, zur Privilegierten, das Mädchen, das beim Namen gerufen wird, und eben dadurch hat sich ihr real auch ein neues Schicksal eröffnet. Nach einem Aufruf des ortsansässigen Arztes Pietro

Bartolo – ein lebendes Zeugnis dafür, was es heißt, Migranten in Empfang zu nehmen, zu heilen oder ihren Tod festzustellen – hatte Favours Geschichte viel Aufmerksamkeit und Anteilnahme erregt, und unzählige Adoptionsgesuche erreichten die Insel. In einem Interview am Rande von Gianfranco Rosis Film *Fuocoammare* (*Seefeuer*, 2016), der das Leben von Bewohnern und Migranten auf der Insel erzählen will, lobt der Arzt die große Aufnahmebereitschaft der Menschen auf Lampedusa, die es gewohnt sind, alles aufzusammeln, was das Meer bringt. An einer Stelle erzählt er:

> Inmitten dieser ganzen Tragödie haben sie mir einen wunderbaren Moment geschenkt: Im Laderaum eines überfüllten Schiffes fand ich eine Nigerianerin, die kurz vor der Niederkunft stand. Sie hatte bereits einen Blasensprung, aber sie konnte nicht gebären, weil sie einfach keinen Platz hatte, und die Wehen hatten aufgehört. Ich brachte sie ins Krankenhaus, wo wir einen behelfsmäßigen Kreißsaal organisierten: Ich machte einen Kaiserschnitt, um die Kleine zu retten, der auch gelang, aber dem Kind ging es sehr schlecht. Das war mitten in der Nacht, wir hatten niemandem davon erzählt. Als ich bedrückt aus dem Krankenhaus kam, fand ich fünfzig Frauen aus Lampedusa vor, die herbeigeeilt waren, um Windeln, Kleidung und Kinderwagen zu bringen. Heute leben die Frau und das kleine Mädchen in Palermo. Das Mädchen wurde Gift genannt, was Geschenk bedeutet. Das war ein wunderschönes Geschenk für uns alle.

Favour und Gift sind zwei Geschenke des Mittelmeeres, die im Flüchtlingsdrama unserer Zeit geboren wurden oder es überlebt haben. Gezeugt auf afrikanischer Erde und schließlich durch Gesten sizilianischer Zärtlichkeit in Obhut genommen. So dramatisch und unsicher ihre Ankunft auf dieser Welt auch war, eine Geste der Zärtlichkeit hat sie daran gehindert, diese sogleich wieder zu verlassen, anders als die, die vom Treibstoff eines Schlauchbootes verätzt oder vom Meer verschluckt worden sind, auf dem sie das Leben gesucht, aber den Tod gefunden hatten. Favour und Gift sind zwei Geschenke, aber auch zwei Namen, die in einem sozialen und kulturellen Kontext gegeben wurden, der eine «Globalisierung der Gleichgültigkeit» erzeugt, die «uns alle zu ‹Ungenannten›, zu Verantwortlichen ohne Namen und ohne Gesicht macht», wie Papst Franziskus auf Lampedusa voller Leidenschaft erklärte. Beim Namen genannt zu werden, ist das Geschenk einer neuen Möglichkeit für das Leben, wenn man völlig schutzlos ausgeliefert ist. Zärtlichkeit benennt hier genauer gesagt ein tieferes Wahrnehmen der grenzenlosen Unsicherheit und Zerbrechlichkeit des Lebens und seines extremen Mangels, sichtbar geworden an einem neun Monate alten Baby, das alleine in Italien ankam, oder an einem Neugeborenen, das aus dem Mutterbauch glitt wie aus dem Rumpf eines abgedrifteten Schiffes. Hier ist Zärtlichkeit das, was die «Seifenblase» der globalen Gleichgültigkeit zerplatzen lässt, «die uns unempfindlich gegen die Schreie der anderen» macht. Die erste Reise von Papst Franziskus nach Lampedusa will uns und ihm selbst die Fähigkeit zurückgeben, zu weinen und Zärtlichkeit zu empfinden, für all das, was im Leben bereits verloren scheint.

> ‹Adam, wo bist du?›, ‹Wo ist dein Bruder?› sind die zwei Fragen, die Gott am Anfang der Geschichte der Menschheit stellt und die er ebenso an alle Menschen unserer Zeit, auch an uns richtet. Ich möchte aber, dass wir eine dritte Frage anfügen: ‹Wer von uns hat darüber und über Geschehen wie diese geweint?› Wer hat geweint über den Tod dieser Brüder und Schwestern? Wer hat geweint um diese Menschen, die im Boot waren? Um die jungen Mütter, die ihre Kinder mit sich trugen? Um diese Männer, die sich nach etwas sehnten, um ihre Familien unterhalten zu können? (Predigt von Papst Franziskus am 8. Juli 2013 auf Salina)

Zärtlichkeit entspricht der wiedererlangten Fähigkeit, zusammen mit dem anderen zu weinen, und der Möglichkeit, eben dieses Weinen als *gift* oder *favour* für alle zu begreifen. Zugleich ist Zärtlichkeit eine Geste, die völlig unverhofft inmitten von Booten und Wracks ein Geborenwerden zulässt oder die einem afrikanischen Mädchen, das den Verätzungen auf dem Meer entkommen ist, einen Namen und eine Tasse Milch gibt.

Auch in der Zeltstadt von Idomeni zwischen Griechenland und Mazedonien, wo mehr als zehntausend Flüchtlinge leben, wird die Geschichte eines frisch geborenen Babys zu einem Symbol für die menschliche Tragödie, die sich gegenwärtig abspielt. Ein sehr eindringliches Foto, das an Caravaggio erinnert und ein Jüngstes Gericht in der heutigen Zeit heraufbeschwört, zeigt ein Neugeborenes kurz nach seiner Geburt, das mit Wasser aus einer Plastikflasche gewaschen wird. Eine Frau hält es über den schlammigen Boden, ein Mann benetzt es mit Wasser, und beide reinigen es zärtlich von den Schrecken eines ungewissen Schicksals. Im Hintergrund kommen zwei Kinder aus dem kleinen Zelt, das vor lauter Menschen und Gemütszuständen zu platzen scheint und wo die Mutter vielleicht soeben unter Tränen und Blut geboren hat. Das Neugeborene ist in der Schwebe zwischen Himmel und Erde unter einem schwachen Wasserstrahl mit seiner genetisch eingeschriebenen Erinnerung an Feuer und Kämpfe, die die Familie gerade hinter sich gelassen hat.

Der allen Elementen ausgesetzte kleine Körper ist *das nackte Leben par excellence*: Man kann ihn nicht ausweisen, ihn aber auch nicht aufnehmen, und so verbleibt er auf der Schwelle zwischen den Lebenden und den Sterbenden, abgesondert in einem Bereich, in dem es keinen Unterschied zwischen biologischem Körper und politischem Körper gibt, in einem Lager am Rande der Welt. Es ist ein beredtes Bild vom Leben im Ausnahmezustand, von einem Vakuum an Rechten, Pflichten und Würde, in dem alles geschehen kann. Diese Lager sind wie Schwarze Löcher Europas, in denen Jahrhunderte der Zivilisation, der Kultur und Menschlichkeit verschluckt werden. Der kleine neugeborene Körper scheint ein letztes Bindeglied zwischen einer menschlichen und einer unmenschlichen Welt zu sein wie eine ganz zarte

Brücke, die die Welt der Toten und die Welt der Lebenden miteinander verbindet, kurz vor dem Zusammenbruch. Es ist eine *copula mundi*, wie Marsilio Ficino es nennen würde, ein Verbindungselement zwischen dem sinnlich Wahrnehmbaren und dem Übersinnlichen, ein kleines, aus Zerbrechlichkeit und Bedürfnissen bestehendes Verbindungsglied, das die Welten zusammenhalten kann, wenn die Zärtlichkeit es zu retten vermag.

Hier geht es um die Kraft der Bindung zwischen den Generationen, selbst noch in der Zerstörung. Sie zeigt sich in Gesten der Zärtlichkeit, die der Brutalität des Krieges, des Elends und des Exils die Stirn bieten. Nur wenn wir trotz Gewalt und Niedergang nicht den Fluss unterbrechen, der das Leben zwischen den Generationen weitergibt, nur wenn wir uns in der Dürre und Gefühllosigkeit der heutigen Zeit gegenseitig ein wenig frisches Wasser spenden, wird das Leben fortbestehen können. Wenn wir genügend Zärtlichkeit aufzubringen wissen, um diesen Fluss zwischen den Generationen zu bewahren, und verhindern, dass der dunkle, schmutzige Schlamm alles bedeckt, wird die Menschlichkeit in Lampedusa, in Idomeni oder in den Slums der Metropolen bewahrt bleiben. «Falls das Wasser, mit dem sie dich gewaschen haben, nicht zu kalt gewesen sein wird, falls Mikroben und Bakterien, die sich in dem von zermürbten Schuhen zertretenen, stinkenden Schlamm vermehren, nicht die Wunde der Nabelschnur infizieren werden, dann wird es auch für uns Vergebung geben.»[94] Trotz allem harrt das Leben in Idomeni aus, wie eine winzig kleine Pflanze, die aus einer rissigen Erde sprießt, welche nach Wasser dürstet. Nur die Zärtlichkeit wird in der Lage sein, sie vor dem Verkümmern und der Trostlosigkeit zu bewahren, weil sie auf dem kleinen Körper Spuren der Menschlichkeit hinterlässt, damit er der Härte der kommenden Zeiten widerstehe. Und auch uns als verwirrten und hilflosen Zuschauern dieses Dramas im Mittelmeer werden vielleicht unsere Unzulänglichkeit und Unsicherheit vergeben werden, wenn wir wenigstens Brücken, und nicht Mauern, zwischen den Völkern und Generationen zu bauen wissen, mit vielen Wasserflaschen und ohne soziale Ausgrenzung.

Ähnliche Bilder und Gedanken kommen von der Insel Lesbos, dem anderen, östlichen Auge des Mittelmeers. Einst war sie das Geburtsland antiker Dichter, nun ist sie zum Symbol einer riesigen humanitären Katastrophe geworden. Auch zu dieser ägäischen Insel führte eine der Reisen des Papstes – eine «traurige Reise» hat Papst Franziskus sie genannt, an einen Ort, wo das Meer heute ein Friedhof ist und das Festland ein Flüchtlingslager, durch kilometerlangen Stacheldraht versehrt. Hier hat der Papst einen Lorbeerkranz ins Meer geworfen, zur Erinnerung an die vielen namenlosen Opfer, die nun auf dem Meeresgrund ihr Grab gefunden haben. Auch in Lesbos kamen viele Kinder an, und viele sind bereits zu Waisen des Meeres geworden.

Aber nach dem, was ich gesehen habe … und was Sie selber gesehen haben in diesem Flüchtlingslager …

> das war zum Weinen! … Ich habe hier etwas mitgebracht, um es Ihnen zu zeigen: Die Kinder haben mir viele Zeichnungen geschenkt. Was wollen die Kinder? Frieden, denn sie leiden. Sie haben dort im Lager eine Schulerziehung … Aber was haben sie alles gesehen, diese Kinder! Schauen Sie dieses an: Sie haben auch gesehen, wie ein Kind ertrank. Das tragen die Kinder im Herzen! Wirklich, heute war es zum Weinen. … Diese Kinder haben das alles im Gedächtnis! … Schauen Sie dieses an: Die Sonne, die … weint. Aber wenn die Sonne fähig ist zu weinen, dann auch wir: Eine Träne wird uns gut tun.[95]

Kleine Flüchtlinge auf Lesbos schenken Franziskus Zeichnungen. Eine davon, gemalt von einem Kind im blauen Overall, zeigt eine gelbe Sonne mit Strahlen aus blutfarbenen Tränen, die traurig über einem blauen Meer voller Menschen und untergehender Boote scheint. Die Sonne sieht und weint und nimmt so teil am kosmischen Schmerz über eine Menschheit, die alles verloren hat. Tief in der Erinnerung dieser Kinder wogen bereits das Meer, Boote und ertrunkene Körper, und jedes Element der Natur trägt die Spuren einer Menschlichkeit, die allmählich abdriftet. Die Sonne und das *Mare Nostrum* sind vielleicht die glaubwürdigsten Zeugen und Erinnerungsspeicher all dessen, was sich heute auf dramatische Weise abspielt: Vielleicht sind es auch die Orte, die am meisten von Tränen überflutet werden, ebenso wie die zwei kleinen Inseln an der Grenze zwischen den Kontinenten. Die Kinder haben das sofort gespürt, im Osten und im Süden Europas, wenn sie nach ihren bereits verlorenen Vätern und Müttern rufen, und sie zeichnen ihre Alpträume und ihre Geschichten auf, damit die Kette der Lebenden nicht zerreißen möge.

Die endemische Depression der wohlhabenden Gesellschaften und die nackte Verzweiflung der beraubten Völker stehen sich heute von Angesicht zu Angesicht gegenüber, auf den Wegen einer äußerst zerbrechlichen und nackten Menschheit, die nur durch die zärtliche Bereitschaft der einen gerettet werden kann, die Last der anderen zu tragen. Nur Gesten der Zärtlichkeit werden – wenn auch nur teilweise – für die erlittene Gewalt und Vernachlässigung entschädigen können. Bislang gibt es einen Arzt, eine Wasserflasche und eine weinende Sonne, die eine erneut mögliche Zukunft beim Namen nennen.

Epilog

Wir mussten also einen weiten Bogen schlagen, um über die Zärtlichkeit zu sprechen. Es ist schwierig, die damit verbundene Idee anhand der Wechselfälle des heutigen Lebens zu betrachten und zu bewerten. Die einzige Möglichkeit ist, sie zum unerreichbaren Gegenstand einer Untersuchung zu machen, die nie abgeschlossen sein wird. Wir haben an Aeneas erinnert, der auf seinen Schultern die Last des alten Vaters Anchises und einer brennenden Stadt trägt. Wir erzählten von einer unbekannten Frau mit Balsam in alabasternen Gefäßen, die die Füße eines angesehenen Rabbi küsst. Wir gedachten der Kinder des Mittelmeers, die vor den Toren Europas Schiffbruch erleiden, den ständig drohenden Untergang vor Augen. Diese Bilder der Zärtlichkeit dürfen sich jedoch angesichts der harten Wirklichkeit unserer Gegenwart und Zukunft nicht wie Träume auflösen. Sie sind notwendige Sinnbilder in einer Landschaft der Verwüstung: In ihrer Zerbrechlichkeit und Zartheit sind sie immer dann Balsam für viele Wunden, wie Etty Hillesum sagen würde, wenn das Zusammenleben durch die Härte der Worte und Dinge bedroht ist. Es ist das Bekenntnis zu dem, was wenig zu gelten scheint, ein Glaube an das, was zu verschwinden droht: ein Feiertag, ein Spiel, eine freundliche Begegnung, beim Namen gerufen zu werden. Wenn uns die Zärtlichkeit streift, wird die Welt tatsächlich zu einem Ort, in dem wir leben können, und sie wird endlich lesbar. In der anmutigen Gnade einer Geste, die den Schrecken sanft berührt, öffnen sich Bedeutungswelten, die überdauern werden und uns eine Weile am Leben halten. Diese Gesten der Zärtlichkeit sind wie winzige, leuchtende Spuren in der Dunkelheit, die über die westlichen Metropolen hereinbricht, und sie sind die einzig mögliche Hoffnung für alle.

> Wer wird uns betrachten
> wie ein schlafendes Kind
> wer wird uns beim Namen rufen
> mit einer Zärtlichkeit, die verwandelt
> wer wird das Menschliche von uns kratzen
> und unseren Glutkern leuchten lassen
> wer wird uns erwecken zwischen Myriaden
> von Sternen, in all unseren Kräften gesteigert
> wer wird uns neue Weisungen geben.[96]

Was uns bleibt, ist das Flehen, Schreien und Beten, dass wir uns nicht mit gedämpftem Licht und halbherzigem Glauben begnügen. Uns bleibt die Bitte an die Zärtlichkeit, dass sie die schroffe Oberfläche und die harten Masken von uns kratzt, uns der entwaffnenden Gegenwart des anderen aussetzt und dem ihm eigenen Zauber. Denn

Zärtlichkeit heißt, sich des eigenen Namens anzunehmen, in seinem ganzen unergründlichen Geheimnis. Ihr zu begegnen ist wie eine Erweckung, sie steigert die Intensität unseres Lebens, denn wir werden unter Tausenden erkannt und heben wieder den Kopf. Unser Blick weitet sich und kann nun neue Zeichen in der Welt empfangen. «Wir hungern nach einem Schlag / der uns von der Wurzel kappt / und sagt, dass das Leben / geheimnisvoller ist als dieses Wenige».[97]

Zärtlichkeit, das Empfinden von Zärtlichkeit für jemanden oder etwas, hat also mit der Frage der Wahrnehmung jener Zeichen zu tun, die die Verletzlichkeit des Lebens anzeigen. Das erinnert an ein Mysterium, denn es liegt etwas Geheimnisvolles darin, sich von jemandem berührt zu fühlen und Zärtlichkeit für jemanden zu empfinden. Wenn sie uns zutiefst im Inneren überrascht, ist diese Zärtlichkeit viel mehr als ein vages Empfinden der Nähe und des Mitgefühls – sie ist eine grundlegende Wahrnehmung der Zerbrechlichkeit und Vergänglichkeit aller Dinge. Denn ohne das verzehrende Bewusstsein unserer Endlichkeit und Sterblichkeit gibt es keine Zärtlichkeit.

Doch wie können wir hoffen, uns in etwas zu retten, das derart zerbrechlich ist? Wie können wir überleben dank der zarten Lichtblicke eines Wortes, einer Begegnung, eines Gefäßes mit Nardenöl, eines im Mondlicht schimmernden Tores aus Keramik und Zink? Und doch, unter dem Blick der Zärtlichkeit erhellen sich die Menschen und die Dinge in ihrer Einfachheit, ohne Masken, ohne harte Schale. Die Wirklichkeit zeigt sich, wie sie ist, in ihrem Schwanken zwischen Stärke und Schwäche, zwischen Stabilität und Unsicherheit, Beständigkeit und Vorläufigkeit, zwischen Verschlossenheit und Hingabe, Anwesenheit und Abwesenheit. Deshalb brauchen wir die Zärtlichkeit, denn sie will nicht das vergängliche Wesen des Seins in einer starren Form festhalten. Dank dieses Bewusstseins strebt die Zärtlichkeit nicht danach, die Wirklichkeit zu beherrschen oder zu besitzen. Vielmehr nimmt sie deren radikal ungeschützte, ausgesetzte, unbezahlbare Seite wahr und erhält sie. Die Zärtlichkeit errettet uns nicht von der Sterblichkeit, sondern sie rettet uns durch die Sterblichkeit unseres Seins und Werdens. Darum gibt es ein «Glück im Untergang», wie Walter Benjamin geheimnisvoll sagen würde, der jede Form der Vergötterung weltlicher Macht, jeden autoritären Gebrauch des Seins, jede Sakralisierung der endlichen Wirklichkeit und jede obsessive Verherrlichung des Ich mit Ironie betrachtete.

Hier zeigt sich der tiefe Zusammenhang zwischen Zärtlichkeit und Wahrnehmung der Zeit. Gerade die Sensibilität für die Zeichen der Zeit, für die Überlegenheit der Zeit macht uns weich. Aus dem Bewusstsein für die Zeit und deren Bedrängnis können Gesten entstehen, die auf die Zerbrechlichkeit der Welt antworten, indem sie Schutz und liebevolle Fürsorge verstärken. Diese Sensibilität für die Zeit und somit für die Flüchtigkeit der Dinge bedeutet keineswegs, eine düstere Perspektive auf das Leben zu haben. Keinesfalls handelt es sich um einen neuen postmodernen Nihilismus der Zärtlichkeit im Sinne einer ergriffenen Wahrnehmung des allgemeinen Niedergangs und der Vorstellung, dass alles ins Nichts geht. Die Zärtlichkeit ist die nichtnihilistische und dekonstruktive Seite der Wahrnehmung von Endlichkeit. Sie ist reine Liebe für die Zerbrechlichkeit und Schönheit unseres Daseins, sie ist Dankbarkeit für die Vorläufigkeit und den Mangel, der jedes lebende Geschöpf ausmacht. Wie eine «Sehnsucht nach Unvollkommenem», die uns «als leuchtende Photonen» erfüllt.

Vor diesem Empfindungshorizont ist die Revolution der Zärtlichkeit also weit entfernt von einer «Grabespsychologie» (EG, 83); sie ist etwas, das wir mit unseren Händen herstellen, etwas «Selbstgemachtes» (EG, 244). Sie ist eine dringend notwendige Tätigkeit, denn nicht zuletzt sie bringt die größte Freude in die Welt. Es ist das Gefühl, zur Herstellung von Anteilnahme beizutragen, eine Anteilnahme, die Liebe zum Leben hervorbringt und dessen Intensität steigert. Diese Art von Arbeit erzeugt eine gute Müdigkeit, eine Müdigkeit, die vereint und jeden anmaßenden Anspruch des Ich, das eine Welt nur für sich allein konstruieren will, ablegt.

Die Zärtlichkeit kann den Ungeheuern des Meeres, den ungeheuren Anstrengungen von Männern und Frauen auf der Suche nach Frieden, der gnadenlosen Härte von Dispositiven, die die Gemüter aushöhlen, etwas entgegensetzen. Es ist diese kleine Zärtlichkeit, die wie eine «perlmutterne Spur der Schnecke»[98] auf den ausgetretenen Pfaden dieser Erde froh und beharrlich ihr kleines Licht schimmern lässt und so den aufmerksamen Reisenden den Weg weist. Denn nicht alles ist verworren und verloren, auch dann nicht, wenn die Sonne weint.

Du aber glaube nicht denen,
die den Menschen zeichnen als lahmendes Tier
und diese Welt als Kugel am Abgrund.
Glaube nicht denen, die alles tiefschwarz und
blutig malen. Das tun sie, weil es einfach ist.
Wir sind nur verwirrt, glaube mir.
Doch wir fühlen. Noch fühlen wir.
Noch können wir lieben. Noch fühlen wir
    Mitleid.
Es ist ein Glanz in allen Dingen. Ich habe
    ihn gesehen.
Nun sehe ich ihn klarer noch.
Ein Glanz. Hab keine Angst.[99]

Danksagungen

Ich danke Alessandra Mascaretti für ihr Vertrauen und ihre Zärtlichkeit, die das Leben aller, die ihr begegnen, auf einfache Weise besser machen. Auch Cristina Palomba für ihren behutsamen Scharfsinn und den offenen Austausch ohne Schatten – ihre Gedankenfäden waren unverzichtbar beim Knüpfen dieses narrativen Geflechts. Danke schließlich an alle Freunde und Freundinnen, die Spuren der Zärtlichkeit hinterlassen haben, damit diese erzählt und anderen übermittelt werden, so dass sie wirklich zum Beginn einer sanften Revolution werden können.

Anmerkungen

1 R. Barthes, *Fragmente einer Sprache der Liebe*, übersetzt von Hans-Horst Henschen, Frankfurt a. M.: Suhrkamp, 1988, S. 182.

2 T. Mann, *Der Zauberberg*, Frankfurt a. M.: S. Fischer, 2004, S. 177.

3 D. DeLillo, *Cosmopolis*, übersetzt von Frank Heibert, Köln: Kiepenheuer und Witsch, 2003, S. 107.

4 W. Szymborska, «Unaufmerksamkeit», in: *Glückliche Liebe und andere Gedichte*, übersetzt von Renate Schmidgall, Berlin: Suhrkamp, 2014, S. 32 f.

5 M. Gualtieri, «Sii dolce con me», in: *Bestia di gioia*, Torino: Einaudi, 2010, S. 124, übersetzt von Grit Fröhlich.

6 E. Montale, «Frag uns nicht nach dem Wort», in: *Moderne italienische Lyrik*, übersetzt von H. Hinterhäuser, Göttingen: Vandenhoeck und Ruprecht, 1964, S. 56.

7 D. F. Wallace, *Das hier ist Wasser*, übersetzt von Ulrich Blumenbach, Köln: Kiepenheuer und Witsch, 2012, S. 34.

8 Ebd., S. 26 ff.

9 G. Agamben, *Nacktheiten*, übersetzt von Andreas Hiepko, Frankfurt a. M.: S. Fischer, 2010, S. 72.

10 T. Blixen, *Jenseits von Afrika*, übersetzt von Gisela Perlet, Zürich: Manesse, 2014, S. 415.

11 A. Lazzarini, *Polis in fabula*, Palermo: Sellerio, 2011, S. 98.

12 G. Simmel, «Die Großstädte und das Geistesleben», in: Aufsätze mit Abhandlungen 1901–1908, Bd. I, Frankfurt a. M.: Suhrkamp, 1995, S. 116.

13 R. Musil, *Der Mann ohne Eigenschaften*, Reinbek: Rowohlt, 1987, Bd. I, S. 12.
14 Simmel, «Die Großstädte und das Geistesleben», S. 12.
15 Ebd., S. 122 f.
16 Ebd., S. 121.
17 W. Szymborska, «Leben im Handumdrehen», in: *Hundert Freuden*, übersetzt von Karl Dedecius, Frankfurt a. M.: Suhrkamp, 1996, S. 64 f.
18 Simmel, «Die Großstädte und das Geistesleben», S. 123.
19 S. Žižek, «Der entkoffeinierte Andere», in: *Der Freitag*, 8. Oktober 2010.
20 Simmel, «Die Großstädte und das Geistesleben», S. 118.
21 A. de Tocqueville, *Über die Demokratie in Amerika*, Teil II, übersetzt von Hans Zbinden, Zürich: Manesse, 1987, S. 463.
22 M. Benasayag und G. Schmit, *Les Passions tristes*, Paris: La Découverte, 2003.
23 C. Melman, *L'Homme sans gravité*, Paris: Denoël, 2002.
24 F. Nietzsche, *Also sprach Zarathustra*, in: *Sämtliche Werke. Kritische Studienausgabe*, hg. von G. Colli und M. Montinari, München, Berlin und New York: dtv und De Gruyter, 3. Auflage, 1993, Bd. 4, S. 19.
25 Byung-Chul Han, *Müdigkeitsgesellschaft*, Berlin: Matthes und Seitz, 2016, S. 22 ff.
26 F. Nietzsche, *Die fröhliche Wissenschaft*, Viertes Buch, Aphorismus 329, in: *Sämtliche Werke*, Bd. 3, S. 556.
27 C. Péguy, *Das Mysterium der Hoffnung*, übersetzt von Oswalt von Nostitz, Wien: Herold, 1952, S. 178 f.
28 P. Handke, *Versuch über die Müdigkeit*, Frankfurt a. M.: Suhrkamp, 1992, S. 14.
29 Ebd., S. 17.
30 Ebd., S. 16.
31 C. Péguy, *Das Mysterium der unschuldigen Kinder*, übersetzt von Oswalt von Nostitz, Wien: Herold, 1958, S. 48 f.

32 F. Nietzsche, Nachgelassene Fragmente Herbst 1887, in: *Sämtliche Werke*, Bd. 12, S. 350.

33 Nietzsche, *Also sprach Zarathustra*, S. 20.

34 W. Benjamin, «Die religiöse Stellung der neuen Jugend», in: *Gesammelte Schriften*, Bd. 2,1, Frankfurt a. M.: Suhrkamp, 1980, S. 72–74.

35 Musil, *Der Mann ohne Eigenschaften*, Bd. II, S. 1093.

36 Vgl. Melman, *L'Homme sans gravité*.

37 Rede von Papst Franziskus zur Gebetswache mit den Jugendlichen aus Anlass der apostolischen Reise nach Polen zum 31. Weltjugendtag, Krakau, 30. Juli 2016.

38 Gualtieri, «Sii dolce con me», S. 124 f., übersetzt von Grit Fröhlich.

39 T. W. Adorno, «Erziehung nach Auschwitz», in: *Gesammelte Schriften*, Bd. 10/2, Frankfurt a. M.: Suhrkamp, 1977, S. 676.

40 Ebd., S. 687.

41 Titus Lucretius Carus, *Über die Natur der Dinge*, 2, 216–220, übersetzt von Klaus Binder, Berlin: Galiani, 2014, S. 77.

42 J.-L. Nancy, *Die undarstellbare Gemeinschaft*, übersetzt von Gisela Febel und Jutta Legueil, Stuttgart: Edition Schwarz, 1988, S. 16.

43 J. Lacan, *Das Seminar. Buch I. Freuds technische Schriften (1953–1954)*, übersetzt von Werner Hamacher, Weinheim u. a.: Quadriga, 1990, S. 24.

44 M. Recalcati, *Jacques Lacan. Desiderio, godimento e soggettivazione*, Milano: Raffaello Cortina, 2012, S. 10.

45 Ebd., S. 37 f.

46 M. Recalcati, *Elogio dell'inconscio*, Milano: Bruno Mondadori, 2007, S. 32.

47 Ebd., S. 17.

48 M. Recalcati, *L'uomo senza inconscio. Figure della nuova clinica psicoanalitica*, Milano: Raffaello Cortina, 2010.

49 Adorno, «Erziehung nach Auschwitz», S. 689.

50 Ebd., S. 688.

51 J. Lacan, *Das Seminar. Buch VII. Die Ethik der Psychoanalyse (1959–1960)*, übersetzt von Norbert Haas, Wien und Berlin: Turia und Kant, 2016.

52 Recalcati, *Jacques Lacan*, S. 509.

53 Platon, *Symposion*, 203 c-e, *Sämtliche Werke in drei Bänden*, Bd. 1, übersetzt von Franz Susemihl, Darmstadt: Wissenschaftliche Buchgesellschaft, 2004, S. 700.

54 Anmerkung der Übersetzerin: Lacan spielt hier mit den Wortbedeutungen von frz. *amour* (Liebe) und *mur* (Mauer).

55 S. Freud, *Das Unbehagen in der Kultur*, in: *Studienausgabe*, Bd. 9, Frankfurt a. M.: S. Fischer, 1974, S. 238.

56 M. Hardt und A. Negri, *Common Wealth. Das Ende des Eigentums*, übersetzt von Thomas Atzert und Andreas Wirthensohn, Frankfurt a. M.: Campus, 2010, S. 192.

57 G. Deleuze, Vorlesung über Spinoza, 24. Januar 1978, Transkription, www.webdeleuze.com (Abruf 24. Mai 2018), übersetzt von Grit Fröhlich.

58 Ebd.

59 Ebd.

60 B. de Spinoza, *Ethik in geometrischer Ordnung dargestellt, III, Definitionen der Affekte* 6, in: Wolfgang Bartuschat (Hg.), *Baruch de Spinoza. Sämtliche Werke*, Bd. II, Hamburg: Felix Meiner Verlag, 1999, S. 343.

61 Deleuze, Vorlesung über Spinoza, 17. März 1981, übersetzt von Grit Fröhlich.

62 Wallace, *Das hier ist Wasser*, S. 18.

63 J. B. Metz, *Memoria passionis. Ein provozierendes Gedächtnis in pluralistischer Gesellschaft*, Freiburg: Herder, 2006, S. 166.

64 R. Guardini, *Das Ende der Neuzeit*, Würzburg: Werkbund-Verlag, 1950, S. 30 f.

65 M. Gualtieri, *Paesaggio con fratello rotto*, Rom: Luca Sossella Editore, 2007, übersetzt von Grit Fröhlich.
66 Byung-Chul Han, *Die Agonie des Eros*, Berlin: Matthes und Seitz, 2011, S. 20.
67 Han, *Müdigkeitsgesellschaft*, S. 6.
68 Handke, *Versuch über die Müdigkeit*, S. 69.
69 Ebd., S. 68 f.
70 Ebd., S. 55 ff.
71 Ebd., S. 56.
72 Musil, *Der Mann ohne Eigenschaften*, Bd. II, S. 1218.
73 Handke, *Versuch über die Müdigkeit*, S. 51.
74 Musil, *Der Mann ohne Eigenschaften*, Bd. II, S. 1087.
75 A. J. Heschel, *Lo Shabbath. Il suo significato per l'uomo moderno*, hg. von Paola Sciunnach, www.e-brei.net/uploads/Saggistica/ShabbatHeschel.pdf, 1999, S. 2 (Abruf am 8. Oktober 2018).
76 G. Agamben, «Über das, was wir nicht tun können», in: *Nacktheiten*, S. 79.
77 B. Pascal, *Gedanken*, 178, nach der endgültigen Ausgabe übertragen von Wolfgang Rüttenauer, Berlin/Darmstadt/Wien: Deutsche Buch-Gemeinschaft, 1964, S. 72.
78 G. Agamben, «Ochsenhunger. Betrachtungen über den Sabbat, das Fest und die Untätigkeit», in: *Nacktheiten*, S. 184.
79 Péguy, *Das Mysterium der Hoffnung*, S. 176.
80 G. Agamben, *Profanierungen*, übersetzt von Marianne Schneider, Frankfurt a. M.: Suhrkamp, 2005, S. 72.
81 W. Benjamin, *Einbahnstraße*, Frankfurt a. M.: Suhrkamp, 1991, S. 22.
82 R. Barthes, *Mythen des Alltags*, übersetzt von Horst Brühmann, Berlin: Suhrkamp, 2010, S. 75.
83 C. Baudelaire, «Moral des Spielzeugs», in: *Poes Leben und Werke. Wagner in Paris u. a., Baudelaires Werke in deut-*

scher Ausgabe, Bd. 3, übersetzt von Max Bruns, Minden: Verlag J. C. C. Bruns, 1904, S. 15.

84 Barthes, *Mythen des Alltags*, S. 74.

85 B. Tognolini, «Diritto al gioco», in: *Rime raminghe*, Milano: Salani, 2013, übersetzt von Grit Fröhlich und Ruth Karzel.

86 G. Caproni, *Il passaggio di Enea*, Florenz: Vallecchi, 1956, übersetzt von Ruth Karzel.

87 P. Vergilius Maro, *Aeneis*, II 650–658, übersetzt und hg. von Edith und Gerhard Binder, Stuttgart: Philipp Reclam jun., 1994.

88 Ebd., II 707–710.

89 L. Zoja, *Vaterbilder im Wandel. Sozialpsychologische Überlegungen*, übersetzt von Rita Seuß, unveränderte Neuauflage von 2002, Gießen: Psychosozial-Verlag, 2018, S. 131.

90 H. Piontek, «Die Verstreuten», in: *Wassermarken*, Eßlingen: Bechtle, 1957, S. 36.

91 T. Rossi, *Menschen unterwegs*, übersetzt von Kathrin Szuszinski, Tübingen: Gunter Narr Verlag, 2002, S. 83.

92 Ebd., S. 83.

93 M. Gualtieri, *Fuoco Centrale e altre poesie per il teatro*, Torino: Einaudi, 2003, übersetzt von Grit Fröhlich.

94 M. Mazzucco, *La Repubblica*, 13. März 2016.

95 Pressekonferenz mit Papst Franziskus auf dem Rückflug von Lesbos (Griechenland), 16. April 2016.

96 Gualtieri, *Paesaggio con fratello rotto*, übersetzt von Grit Fröhlich.

97 Ebd., übersetzt von Grit Fröhlich.

98 E. Montale, «Kleines Testament», übersetzt von Michael Freiherr Marschall von Biberstein, in: *Der Sturmwind und anderes*, Zürich: Coron, 1976, S. 180.

99 Gualtieri, *Paesaggio con fratello rotto*, übersetzt von Grit Fröhlich.

Aus dem Verlagsprogramm